AF340608

LES ARCHIVES DE FAMILLE

DES

PÉCONNET

DE LIMOGES

PAR

Louis GUIBERT

Secrétaire général de la Société archéologique et historique
du Limousin

LIMOGES
IMPRIMERIE ET LIBRAIRIE LIMOUSINES
Ve H. DUCOURTIEUX
7, RUE DES ARÈNES, 7
1898

OUVRAGES DU MÊME AUTEUR :

Le Château de Châlucet (avec un plan). — Limoges, Sourilas-Ardillier, 1863 (2ᵉ édit., revue et augmentée, 1871).

Cruciflæa. — Paris, Dentu, 1863.

Rimes franches. — Paris, Librairie centrale, 1864.

Dolentia. — Paris, Librairie centrale, 1865.

Légendes du Limousin. — Paris et Tournai, Casterman, 1864, 1866 et 1876.

Limoges et le Limousin. — Paris et Tournai, Casterman, 1868 et 1875.

Quelques notes sur la surveillance légale, lettre à un député. — Paris. F. Henry, 1870.

Les Employés de Préfecture. — Paris, F. Henry, 1870.

L'Assemblée du 8 février et la Loi électorale. — Lyon, Josserand, 1871.

Un Journaliste Girondin. — Limoges, Sourilas-Ardillier, 1871.

De la Grève, du Travail et du Capital, conférence faite à une Association ouvrière de Lyon, le 30 mai 1870 (extrait de la *Décentralisation*). — Lyon, Josserand, 1871.

Questions électorales. — Paris, E. Lachaud, 1871.

Notes de Voyage (Mauvais jours, Ex intimo, Poésies diverses). — Paris, E. Lachaud, 1872.

La Crise des subsistances et les emprunts de la période révolutionnaire à Limoges (extrait de l'*Almanach limousin*). — Limoges, Vᵉ Ducourtieux, 1873.

Monuments historiques de la Haute-Vienne, rapport de la Commission de la Société archéologique et historique du Limousin (extrait du *Bulletin* de cette Société). — Limoges, Chapoulaud frères, 1874.

Assurances sur la Vie, notions pratiques. — Limoges, Vᵉ Ducourtieux, 1876.

Une page de l'histoire du Clergé français au xviiiᵉ siècle. Destruction de l'ordre et de l'abbaye de Grandmont. Carte des maisons de l'ordre. — Limoges, librairie Vᵉ Ducourtieux et Paris, librairie Champion, 1877. 1 vol. in-8° (*Epuisé*).

Rimes couleur du temps. — Paris, Dentu, 1877.

Sceaux et armes de l'Hôtel-de-Ville de Limoges. Sceaux et armes des villes, églises, cours, etc., des trois départements limousins. — Limoges, Chapoulaud, 1878.

Le Parti Girondin dans le département de la Haute-Vienne (extrait de la *Revue historique*). — Paris, 1878.

Les Pénitents (extrait de l'*Almanach limousin*). — Limoges, Vᵉ Ducourtieux, 1879.

Les Confréries de Pénitents en France et notamment dans le diocèse de Limoges. (avec un dessin) — Limoges, Vᵉ Ducourtieux, 1879.

Coutumes singulières de quelques confréries et de quelques églises du diocèse de Limoges. — Limoges, Chapoulaud frères, 1879.

Anciens registres des paroisses de Limoges. — Limoges, Chapoulaud frères, 1881.

France ! chants, poèmes et paysages (avec MM. G. David, A. Hervo, P. Mieusset et A. Tailhand). — Paris, P. Ollendorff, 1881.

Les Hôtels-de-Ville de Limoges (extrait de l'*Almanach limousin*). — Limoges, Vᵉ Ducourtieux, 1882.

Le Livre de raison d'Etienne Benoist (1426). Avec un fac-similé. — *Ibid.*, 1882.

L'Orfévrerie limousine au milieu du xviiᵉ siècle (extrait du journal l'*Art*.) Paris, 1882.

Les Dettes de la ville de Limoges et le Conseil municipal. — Limoges, A. Ussel et G. Tarnaud, 1882.

L'Eau de ma Cave, deuxième lettre à la municipalité et au Conseil municipal. — Limoges, A. Ussel et G. Tarnaud, 1882.

Le Tombeau de Guillaume de Chanac, à Saint-Martial de Limoges (extrait du *Cabinet Historique*). Paris, Champion, 1882. — Réédition, Tulle, Crauffon, 1883.

La Famille limousine d'autrefois, d'après les testaments et la Coutume. — Limoges, librairies Vᵉ Ducourtieux et Leblanc, 1883.

Quelques notes extraites du Cartulaire d'Aureil. — Tulle, Crauffon, 1883.

Les Corporations de métiers en Limousin et spécialement à Limoges (extrait de la *Réforme sociale*). — Paris et Limoges, Ducourtieux, 1883.

OUVRAGES DU MÊME AUTEUR

Confréries de dévotion et de charité et les œuvres laïques de bienfaisance à Limoges, avant le xve siècle (extrait du *Cabinet historique*). — Paris, Champion, 1884.

Le Prédicateur Menauld (extrait de l'*Almanach limousin*). — Limoges, Ve Ducourtieux, 1884.

Commentaires d'Etienne Guibert sur la Coutume de Limoges (1628) *avec une note sur les différents textes de cette Coutume*. Limoges, Société générale de papeterie, 1884.

Le Bénédictin Dom Col en Limousin. — Limoges, Ve Ducourtieux, 1884.

La Ligue à Limoges (1589). — Limoges, Ve Ducourtieux, 1884.

Journal du Consul Lafosse (1649). — Limoges, Ve Ducourtieux, 1884.

Registres Consulaires de la ville de Limoges, 1508-1790, publié sous les auspices de la Société archéologique et historique du Limousin : publication commencée par M. Émile Ruben, secrétaire général de cette Société et continuée par M. L. Guibert, vice-président, 6 vol. in-8°, 1867-1898.

L'Orfévrerie et les Orfèvres de Limoges (dessins). — Limoges, Ve Ducourtieux, 1885.

La Corporation Limousine : ses caractères, son rôle, phases principales de son histoire. Rapport présenté au Congrès des œuvres catholiques tenu à Limoges (août-septembre 1885). — Extrait de *La Controverse et le Contemporain.* — Limoges, Ve Ducourtieux, 1885.

Sceaux et Armes des deux villes de Limoges et des villes, églises, cours, etc. Supplément. — Limoges, Ve Ducourtieux, 1885 (dessin de M. Bourdery).

Les Emigrés Limousins à Quiberon. — Limoges, Ve Ducourtieux, 1885.

Des formules de date et de l'époque du commencement de l'année en limousin. Tulle, Crauffon, 1886.

Les Enclaves Poitevines du diocèse de Limoges (carte). — Limoges, Ve Ducourtieux, 1886.

Les Foires et Marchés limousins aux xiiie *et* xive *siècles* (extrait de l'*Almanach limousin*. — Limoges, Ve Ducourtieux, 1887.

Le Limoges d'autrefois, sa physionomie, ses habitants, ses mœurs, ses institutions. — Limoges, Ve Ducourtieux, 1887.

Châlucet (6 dessins de M. F. de Verneilh et plan). — *Ibid.*, 1887. un vol. in-8°.

Les Tours de Chalucet (6 dessins de M. F. de Verneilh et plan). — *Ibid.*, 1887.

La Société archéologique de Limoges à l'Exposition de Tulle, dessin de M. Louis Bourdery). — Limoges, L. Boyer et Ve Ducourtieux, 1887, in-18.

Le Budget de la ville de Limoges au moyen-âge — *Ibid.*, 1888, in-18.

La dette Beaupeyrat. — *Ibid.*, 1888, in-18.

Le Livre de Raison des Baluze. — *Ibid.*, 1888, in-8°.

L'orfévrerie et les émaux d'orfèvre à l'Exposition de Limoges, en 1886. — *Ibid.*, 1888. in-8° (2 dessins).

Peintures murales de l'église de Saint-Victurnien. — *Ibid.*, 1888, in-8° (dessin).

L'Ecole monastique d'orfèvrerie de Grandmont et l'autel majeur de l'église abbatiale. — *Ibid.*, 1888, in-8°.

Exposition rétrospective de Limoges, 1886. — Photographies par Mieusement, texte par L. Guibert (50 planches). Paris, G. Chamerot, in-fol., 1887.

Un mariage à Limoges en 1687. — Limoges, Ve Ducourtieux, 1887 (deux éditions).

Exposition de Limoges : L'Art rétrospectif, par MM. L. Guibert et Jules Tixier. — *Ibid.*, 1888 (104 planches).

Catalogue des manuscrits de la Bibliothèque communale de Limoges (t. IX du Catalogue général des manuscrits des Bibliothèques publiques de France. Départements). — Paris, Plon et Nourrit, 1888.

Le Graduel de la Bibliothèque de Limoges, (extraits du *Bulletin du Comité des travaux historiques*). — Paris, 1888.

Livres de raison, Registres de famille et Journaux individuels limousins et marchois. (publ. avec le concours de MM. A. Leroux, P. et J. de Cessac et l'abbé Lecler). — Limoges, Ve Ducourtieux et Paris, Alph. Picard, 1888.

Anciens statuts du diocèse de Limoges (extrait du *Bulletin du Comité des travaux historiques*). — Paris, E. Leroux, 1889.

L'Instruction primaire en Limousin sous l'ancien régime.—Limoges, Vᵉ Ducourtieux, 1889.

Les Cahiers de la Marche et du Limousin en 1789. — *Ibid.*, 1889.

Monuments historiques de la Haute-Vienne. Rapport de la Commission nommée par la Société archéologique du Limousin. — *Ibid.*, 1889.

Association des anciens élèves du Lycée de Limoges. Banquet du 27 novembre 1889. Toast au Lycée de Limoges.—*Ibid*, 1890.

Notice sur le Cartulaire de l'abbaye cistercienne d'Obazine. — Tulle, Crauffon, 1890.

Les syndics du commerce à Limoges. — Limoges, Vᵉ Ducourtieux, 1890.

Les communes en Limousin, du xiiᵉ *au* xvᵉ *siècle* (extrait de la *Réforme*).— *Ibid.*, 1891.

La commune de St-Léonard de Noblat au xiiiᵉ *siècle* (plan). — Limoges, Vᵉ H. Ducourtieux, et Paris, Alph. Picard, 1891.

Les Institutions privées et les Sociétés d'économie, d'épargne et de crédit à Limoges (extrait de la *Réforme sociale*). — Paris, Société d'Économie sociale, 1891.

De l'importance archéologique des Livres de raison (Congrès de la Société française d'archéologie tenu à Brive en 1890). — Caen, Henry Delesques, 1892.

Le troisième mariage d'Etienne Benoist. — Limoges, Ducourtieux, 1892.

Les Manuscrits du Séminaire de Limoges (notice et catalogue). *Ibid.*, 1892.

La monnaie de Limoges — *Ibid.*, 1893.

Collections et collectionneurs Limousins : la collection Taillefer. — *Ibid.*, 1893 (un dessin de M. Jules Tixier).

Les premiers imprimeurs de Limoges. — *Ibid.*, 1893.

Laron : topographie, archéologie, histoire (plan). — *Ibid.*, 1893.

Reliquaires Limousins : types, formes et décor. — Tulle, Crauffon, 1895.

Nouveau recueil de Registres domestiques Limousins et Marchois, avec le concours de MM. Alfred Leroux, J.-B. Champeval, l'abbé Lecler et Léonard Moufle. Tome Iᵉʳ. — *Ibid.*, 1895.

Ce qu'on sait de l'enlumineur Evrard d'Espinques. — Guéret, Amiault, et Limoges, Vᵉ H. Ducourtieux, 1895.

Les anciennes confréries de la basilique de Saint-Martial. — *Ibid.*, 1895.

Le Consulat du Château de Limoges au moyen âge. — *Ibid.*, 1895.

Reliquaires limousins, types, formes et décors. — Tulle, Crauffon, 1895.

Ce que coûtait au xivᵉ *siècle le tombeau d'un cardinal.*—Paris, Plon, Nourrit et Cⁱᵉ, 1895.

Le Consulat du Château de Limoges au moyen âge. — Limoges, Vᵉ Ducourtieux, 1895.

La Pierre dite de Saint-Martin, à Jabreilles. — *Ibid.*, 1896.

Prédicateurs et prédications d'autrefois. — Limoges, in-32, 1897.

Limoges qui s'en va : 1. *Le quartier Viraclaud;* 2. *Le Verdurier, Vieille-Monnaie, Arbre-Peint, Rafilhoux.* (Extrait de la *Gazette du Centre*). — Limoges, Perrette, 1897.

Documents, analyses de pièces, extraits et notes relatifs à l'histoire municipale des deux villes de Limoges, deux volumes in-8 (tomes VII et VIII de la série : *archives anciennes* publiée par la Société des Archives historiques du Limousin). — Limoges, F. Plainemaison, in-8°, 1897. — Le second volume est sous presse.

Les anciennes sépultures de l'abbaye de Saint-Martin-les-Limoges, et la crosse de l'archevêque Geoffroi. — Limoges, Vᵉ Ducourtieux, 1898.

Limoges. — Imp. Vᵉ H. Ducourtieux, 7, rue des Arènes.

Fin d'une série de documents
en couleur

À Monsieur Léopold Delisle
Hommage respectueux.

LES

ARCHIVES DE FAMILLE DES PÉCONNET

DE LIMOGES

LES ARCHIVES DE FAMILLE

DES

PÉCONNET

DE LIMOGES

PAR

Louis GUIBERT

Secrétaire général de la Société archéologique et historique
du Limousin

LIMOGES
IMPRIMERIE ET LIBRAIRIE LIMOUSINES
Vᵉ H. DUCOURTIEUX
7, RUE DES ARÈNES, 7

1898

LES

ARCHIVES DE FAMILLE DES PÉCONNET

DE LIMOGES

Un profane ne peut imaginer ce que recèle un coffre plein de papiers de famille et dont la clé a été perdue depuis plusieurs générations. Toute l'histoire d'une race dort là, avec les épreuves et les joies, les deuils et les fêtes, les grandeurs et les chutes, les mariages et les baptêmes, les voyages et les procès : tout cela sommeille comme la Belle enchantée du conte, n'attendant pour se réveiller qu'un heureux hasard ou un bon mouvement de quelque héritier pris de remords. Le hasard, il faut le confesser à la honte de l'humanité, se produit plus souvent que le bon mouvement, et il est rare que les vieilles archives de famille reléguées dans les greniers doivent à un sentiment pieux leur transfert dans un chartrier plus décent. Plus d'une fois l'humidité a réduit en poussière toute la vénérable paperasse, ou les rats, qui entrent partout, ont achevé de la grignoter aux jours de disette, avant qu'un regard respectueux ou seulement curieux se soit glissé dans les profondeurs du mystérieux fouillis depuis tant d'années soustrait à la lumière, avant qu'une main libératrice ait soulevé le couvercle du tombeau où sommeille le passé familial. C'est grand dommage, et l'histoire générale, comme les annales de la lignée, y perd de précieuses informations.

Par bonheur, le parchemin a la vie dure, et le papier lui-même — je parle du papier d'autrefois — traverse des siècles et des siècles avant d'éprouver les inconvénients trop ordinaires de la vieillesse. Les archives départementales de la Haute-Vienne, sans aller chercher plus loin des exemples, possèdent des diplômes carolingiens sur parchemin dont plusieurs ont environ mille ans : ces frêles monuments font pâlir la gloire de Mathusalem, l'homme qui a vécu ici bas la plus longue vie. Nous savons dans le fonds de l'abbaye de Solignac, au même dépôt, quelques feuillets d'un robuste papier très corsé, un peu jaune, couvert de rugosités, sillonné de profondes vergeures, atteignant l'âge respectable de près de cinq cent cinquante ans et ayant toute raison de se promettre encore une existence patriarcale si la toiture de l'immeuble départemental qu'on sait, veut bien toutefois la protéger. Nous pourrions en dire autant du livre de raison, en papier aussi, de l'honnête Pierre Esperon, juge épiscopal de Saint-Junien, dont les premières mentions remontent à 1384 et que conserve le riche chartrier du château de Nexon.

C'est grâce à cette résistance obstinée de la matière au temps et à toutes les autres causes de destruction, que tant d'archives de famille, abandonnées, dédaignées, oubliées, réléguées dans des galetas, sont, malgré tout, arrivées jusqu'à nous.

Postérité pieuse ou fureteur indiscret, poussez la porte sans serrure du réduit où depuis longtemps travaillent seules les araignées : faites sauter le cadenas qui ferme si mal la grande caisse de bois oubliée entre un meuble hors de service et un lot de bouteilles vides ou d'ustensiles de ménage rongés de vert de gris. Sous cette poussière il y a pour vous mainte surprise charmante, mainte bonne fortune. Pour peu que vous aimiez l'histoire vraie, l'histoire humaine, intime, celle du foyer et de l'atelier de travail, celle de la famille, du ménage, de la conscience, des rapports sociaux et des mœurs, vous allez être à la fois intéressés et charmés. Notre confrère Champeval, l'intrépide explorateur de tous les greniers, soupentes, réduits et galetas du Limousin et du Querci, pourrait vous en dire quelque chose : de bonnes et belles récompenses attendent les braves que n'effraie pas la moisissure et qui ne reculent point devant les rats.

C'est ce qu'un de nos concitoyens, feu M. Adolphe Péconnet du Châtenet, expérimenta il y a quelques années. Ne sachant comment distraire les loisirs forcés d'une longue maladie, il s'avisa d'ouvrir des malles pleines de papiers de famille, déposées depuis de longues années dans un coin de son appartement et provenant du petit manoir du Châtenet près de Nieul, qui est resté deux cents ans dans sa famille ; il ne se laissa pas rebuter par l'aspect rébarbatif de bon nombre de ces papiers, par la mauvaise écriture ou l'encre pâlie de beaucoup d'autres. Il y mit le temps, parcourut tout et apprit en quelques semaines, outre l'histoire vraie de sa famille, que peu de gens en ce monde peuvent se flatter de savoir, bien des choses du passé qu'il est utile au présent de connaître et de méditer.

M. Péconnet pensa avec raison que d'autres aussi trouveraient intérêt et profit à étudier ces archives. Il eut la bonté de nous en communiquer une partie et de nous les laisser plusieurs mois entre les mains. Nous avons largement usé des documents qui nous étaient confiés avec tant d'obligeance. Plusieurs de nos confrères en ont aussi tiré parti, et l'histoire des mœurs et de la famille dans notre province y a trouvé son compte.

La famille Péconnet, originaire d'Eymoutiers comme les Romanet et les Ruben, a depuis quatre cents ans tenu une place honorable dans la bourgeoisie limousine. Dans les dernières années du xvᵉ siècle, Psaumet Péconnet était venu se fixer à Limoges ; il y devint notaire. Il épousa Mathive Benoist, qui avait été élevée à un de nos plus anciens, de nos plus honorables foyers, et fit souche d'hommes de loi, de tabellions, d'avocats et de magistrats. Une des branches de sa lignée suivit une autre direction : elle se tourna vers le travail des métaux, prit rang dans la classe supérieure des hommes de métier, produisit des artisans habiles, presque des artistes, et fournit des orfèvres, voire des émailleurs à une ville qui dut pendant des siècles à l'émaillerie et à l'orfèvrerie sa renommée avec sa fortune.

On jugera aisément que l'étude de l'histoire d'une telle famille doit présenter un intérêt tout particulier, surtout quand nous aurons ajouté que, par un rare et bienheureux hasard, toutes les générations successives, toutes les branches de chaque génération ont laissé, dans les archives domestiques, des traces de leur œuvre particulière, de leurs travaux et de leurs épreuves, des témoignages des efforts faits par chacune pour la formation ou la conservation du patrimoine, des indices précis de la permanence des bonnes coutumes au foyer, du maintien de l'union et de la discipline, en dépit des frasques de deux ou trois irréguliers, des procès suscités par un petit nombre d'esprits de travers.

Quelques indications sommaires pourront donner une idée de la richesse et de l'intérêt de ces archives. Nous n'y avons pas trouvé moins de trois livres de raison : ceux du notaire Psaumet (1487-1502); de Jean, homme d'affaires (1644-1678); de Joseph, avocat (1679-1716), auxquels il faut ajouter plusieurs registres de comptes ruraux et un curieux cahier renfermant le papier baptistaire et la généalogie de la famille avec un répertoire de son chartrier, le tout sous ce titre latin d'allure à la fois solennelle et macaronique : *Repertorium titulorum Peconetorum*..... Les testaments du xvie au xviiie siècle abondent dans cette collection ; les inventaires, durant la même période, sont nombreux ; nombreux également les contrats de mariage et les autres grimoires, authentiques ou non, se référant aux actes principaux, aux grandes journées de la vie. Les titres, papiers, commissions, brevets de chacun révèlent de piquantes particularités, fournissent des explications sur quantité de faits indiqués d'une façon toute sommaire aux registres domestiques. Des centaines de lettres éclairent et commentent les événements, jetant un jour parfois pittoresque sur les rapports des membres de la famille entre eux, sur les incidents de certaines carrières, sur les arrangements auxquels se sont prêtées telle ou telle génération, sur la cause de la fortune de chacun, de ses pertes d'argent ou de ses dépenses extraordinaires. Parfois on met la main sur une liasse de mémoires annotés par le père de famille : c'est le dossier complet d'un mariage ou d'un enterrement. Le lecteur curieux prend là sur le fait la vie de nos pères ; il y participe en quelque sorte. S'il s'agit d'obsèques, il suit le cercueil du défunt avec le clergé, les pénitents, les confréries ; il voit allumer les cierges ; il en sait la quantité et le poids. Il assiste aux distributions d'aumônes qui se font à la maison mortuaire, aux services, à l'inventaire et à l'ouverture du testament. S'agit-il de noces ? Il est présent aux entrevues des futurs, sait quel magasin a fourni, et à quel prix, les collations que le jeune homme offre à sa fiancée, entend les violons des sérénades, s'attable devant de plantureux festins qui effraieraient nos estomacs débilités, mais qui n'étaient qu'un jeu pour le robuste appétit de nos pères ; il passe en revue les bijoux et le trousseau de la mariée, compte les pièces de la garde-robe de l'époux : vêtements d'intérieur et costumes d'apparat, vestes et robes, hauts-de-chausses, rabats de dentelles, paires de bas de soie et bonnets de nuit. Et en regard de chaque objet le prix est inscrit, accompagné parfois d'indications précieuses pour l'étude des mœurs et des conditions économiques de la vie d'autrefois... C'est ainsi que, grâce à l'obligeance de M. Péconnet du Châtenet, nous assistâmes, sans y avoir été invité, aux noces d'un de ses aïeux avec une demoiselle de la maison de Verthamon. Nous y rencontrâmes sans doute quelqu'une de nos grand'mères, mais ne la reconnûmes point et ne pûmes lui baiser la main. Sauf cette petite contrariété, la fête se passa le mieux du monde et nous fûmes si enchanté de ce que nous avions vu là, que le désir nous prit de faire partager nos impressions à nos amis. Voilà comment les archives de famille de M. Péconnet nous fournirent, toute préparée, une brochure que nous avons intitulée : *Un mariage à Limoges en 1687,* et qui a, nous dit-on, égayé quelques-uns de nos concitoyens. Nous devions déjà à ces archives une bonne partie des éléments de notre étude sur *La Famille limousine,* et des textes publiés dans notre recueil de *Livres de raison limousins et marchois.*

La mine si abondante mise à la disposition des curieux et fouillée par plusieurs de nos confrères, n'est nullement épuisée. Qui voudra se donner la peine d'y chercher, y trouvera certainement de quoi le récompenser de sa peine. Pour donner une idée de la nature des documents qu'on trouve dans ces archives et de leur variété, nous allons en transcrire quelques extraits pris pour ainsi dire au hasard dans les volumineuses liasses qui nous ont été communiquées et ayant trait à diverses branches de la famille Péconnet.

Nous appelons d'une façon toute particulière l'attention de nos lecteurs sur le touchant et curieux Mémorial figurant sous le n° 5 et où Jean, fils de l'orfèvre Jean Péconnet et de Jeanne de Verthanon, a relevé avec soin les « dévotions particulières » de sa mère. C'est un aperçu des petites pratiques pieuses d'une riche bourgeoise de Limoges au temps de Louis XIV. Le testament de Jean Péconnet (n° 6) et l'inventaire du Châtenet (n° 11) contiennent des passages fort caractéristiques et fort intéressants pour qui étudie les mœurs de nos pères et leur vie au foyer. Nous nous abstiendrons d'allonger ces remarques, ayant tiré parti dans d'autres publications de la plupart des détails intéressants que saura bien, de lui-même, relever dans les pages suivantes le lecteur tant soit peu instruit.

Louis GUIBERT.

I. *Installation de Jean Péconnet, sieur du Chastenet,*
en qualité de veneur et de louvetier pour le ressort de la Sénéchaussée
de Limoges, 6 février 1610.

Leonard de Chastanet, baron de Murat, conseiller du Roy
Nostre sire, lieutenant general en la cour de la Seneschaucée
de Limosin et siege presidial de Limoges, scavoir faisons que
aujourdhuy soubz escript, par devant nous, a compareu Mr Jehan
Peconnet, s^r de Chastanet, en sa personne, lequel, en presance du
Procureur du Roy, comparant par Mre Simon Descoustures, advocat
du Roy en la presant Senechaucée (1), a dict que, par la nomina-
tion du sieur Despaux, genthilome ordinaire de la chambre du Roy,
veneur et grand louvetier de France, il a esté commis et nommé
veneur et louvetier au ressort de la present Senechaucée et confirmé
par lectres patantes de Sa Majesté en datte du dixiesme janvier
mil six cens sept, qu'il nous a exhibées, signées : *par le Roi*,
PEREAU, et sellees du grant seau de sire jaulne, par lesquelles
Sadicte Majesté luy donne pouvoir de chasser aux louptz, louves,
louveteaux, regnartz, loutres, blereaux et aultres bestes nuisibles (2), dans les boys, buyssons et forrestz que sont ez deppan-
dances de l'estandue du presant ressort, avec les droictz et emolu-
mentz y attribués, avecq pouvoir et permission de faire assembler
tous nombres de gens suffisant et cappables qu'il verra affaire des
villaiges dudict ressort en saisons de l'année ad ce les plus propres,
avecq pouvoir aussy chasser à cort, cry, filectz et autres angins
propres et convenables..., porter et faire porter ordinairement
arquebuzes et aultres armes à feu pour tirer auxd. loutz, regnartz
et aultres bestes nuisibles tant dedans que dehors, ez boys,
buyssons et forrestz de Sa Mag^{te} que des esclesiastiques et aultres,
ses subjectz, comme plus a plain est contenu par lesd. lettres [et] pouvoir y attaché : Nous requerant le vouloir recepvoir, offrant prester
le serment au cas requis. Ledit Descoustures, pour ledict procureur
du Roy, a dict avoir veu lesdictes lettres et provisions dudit sieur
Despaux, avec autres confirmations d'icelles données a Paris le
dixiesme janvier mil six cens [dix?], signé : *par le Roy*, PEREAU, et
seellées, et n'avoir moien pour empescher ledict Peconnet estre
receu aux estactz de veneur et louvetier, et jouyr du contenu en
icelles. Par quoy, avons concedé acte audict Peconet de son dire,
ensemble du consentement dudict Procureur du Roy, et, veu
lesdictes lettres, edict et pouvoir attribués audict office, et que
ledict m° Jehan Peconet, presant, a levé la main et faict et presté
le serment en tel cas requis et acoustumé et qu'il a juré fidelité au
Roy, nous avons concedé acte des dires, consentement et serement

(1) Personnage bien connu, à qui nous devons le récit de l'entrée de
Henri IV à Limoges, en 1605.

(2) On s'étonne de ne pas trouver mentionnés à cette énumération les
sangliers, qui pourtant étaient alors nombreux sur plusieurs points de la
province.

presantement presté, et veu iceux, avons receu et recepvons ledict
Peconnet audict estat et office de veneur louveitier avec les droictz
et pouvoir y attribués, faisant inhibicions et deffance a tous de ne
le troubler et empescher en l'exercice de ses charges, a peyne de
vingt (?) livres et autres telles peynes que de droict ; et afin que
personne n'en pretande cause d'ignorance, ordonnons que lesdictes
lettres seront enregistrées au greffe de la presant senechaucée
pour y avoir recours quand besoingt sera. Faict a Limoges, par
devant Nous, Lieutenant general susdict, le sixiesme fevrier
mil six cens dix. GUY, greffier, DESCOUSTURES, ..., lᵗ gʳᵃˡ. —
Coll. GARAT.

II. *Vente par Jean de Verthamon à Jean Péconnet d'une part de banc dans l'église de Saint-Pierre-du-Queyroix 9 mars 1623.*

Comme soict ainsin qu'il appartieine a Messire (?) Jehan de
Verthamond, prebtre et curé de Sᵗ-Martin-Sepert (1), une tierce
partie d'ung banc estant en l'esglize Sᵗ-Pierre, avec dame Jehanne
Verthamond, sa sœur, au devant l'autel du Bastiment, joignant au
banc de Joseph de Verthamond et autres, — aujourd'huy, neufviesme
jour de mars mil six cents vingt trois, a Limoges, en la maison
du notaire royal soubzsigné, a esté present ledit sieur Jehan de
Verthamond, lequel, de son bon gré, a vendu, ceddé, quitté a sieur
Jehan Peconnet, son beau frere (2), Mʳᵉ orfeuvre dudit Limoges,
present et acceptant, sa part et cottité quy luy peut competer et
appartenir, a cause de la subcession de ses feuz pere et mere, pre-
tendant que icelluy sieur Peconnet en puisse jouyr, luy et les
siens, a l'advenir et en disposer comme de sa chose propre, et ce
moyennant la somme de six livres, que ledict sieur Péconnet a
illect payé comptant, reallement et deffaict, en testons et autre
bonne monnoye, dont ledit sieur de Verthamond s'est contenté
et l'en acquitte, etc. Ez presances de M. Marcial Delomenie, procureur ; Joseph Malombre, tesmoingtz ad ce appellés et requis. Ainsi
signé a l'original des presentes : J. VERTHAMOND, pour avoir faict
la susdite vante. PECONNET. DELOMENIE, present, et MALOMBRE, present. DE LOMENYE, nʳᵉ royal.

III. *Contrat d'apprentissage de Léonard Péconnet 18 décembre 1643.*

Le dix huictiesme jour du moys de decembre mil six centz quarante trois, a Lymoges, estude du Notaire royal soubz nommé,
avant midy, fust presente dame Jehanne Verthamond, veufve et

---

(1) Saint-Martin-Sepert. — *de Septem Piris*, aujourd'hui commune du
canton de Lubersac, arrondissement de Brive (Corrèze).
(2) On voit qu'il avait existé, avant le mariage de Joseph Péconnet et de
Jeanne de Verthamon, d'autres alliances entre les deux familles.

heritiere de feu sieur Jehan Peconnet, vivant marchand orfeuvre de la present ville (1) ; laquelle, de son bon gré et vollonté, a mis en apprentissage Leonard Peconnet, son fils et dudit feu, present et consentant, en la maison et compagnie de Leonard de Bruxelles, marchand poelier de la ville de Sainct-Leonard (2), present et acceptant, pour le temps et terme de deux années prochaines, entieres et consecutives, commencans au premier jour du moys de janvier prochain, et finissants a pareil semblable jour, moyennant le prix et somme de cent dix livres, pour chascune desdites deux années, payable de six en six moys, par advance, comme ladite dame de Verthamond promet, a peyne de tous despens, dommages et interets ; durant lequel terme de deux ans, ledit s^r Bruxelles promet nourrir honnestement ledit apprentif et luy montrer legalement ce qui est dudit mestier et vacation de maistre poelier, en ce que ledit apprentif servira son maistre bien et fidellement, de tout son pouvoir et industrie, duquel service et fidelité, ladite dame Verthamond respond et s'oblige, sauf touttesfoys si ledit apprentif venoit a quitter et se retirer devant ledit terme de deux ans par infirmité ou autre incommodité qu'il treuvast dans ledit mestier : auquel cas ladite dame de Verthamond ne pourra estre contraincte et obligée de le fere demeurer dans ledit service ; et audit cas, le prix de la premiere année sera payé et advancé a raison de sept vingt livres, qui reviendra a soixante dix livres pour chascune des deux premieres demy années, et quatrevingt livres pour la seconde année : duquel payement qui se trouvera faict lorsque ledit Peconnet se vouldroit retirer, ladite dame de Verthamond ne pourra demander et pretendre aulcune restitution ny rembourcement : pacte expressement convenu, sans lequel ledit de Bruxelles n'auroit consenty aux presentes. Dont a esté concedé lettres soubz scel royal, en la meilleure forme, avecq serement, obligation, renonciation, submission et autres clauses requises, en presences de s^r Louys de Bruxelles, marchand de ladite ville de St-Leonard, et Martial Pinchaud, clerc, habitant de la present ville, tesmoings a ce appellés, lesquels ont signé avecq lesdites parties a l'original des presentes, et moy, A. ROUGIER, notaire royal hereditaire (3).

(1) Celui dont il est parlé à l'acte précédent.

(2) On sait de quelle réputation jouissaient les poëliers de Saint-Léonard et quelle importance eut longtemps leur industrie. Nous avons publié (*Livres de raison et Registres de famille Limousins et Marchois*, p. 146 et 172), des traités passés au quinzième siècle entre des industriels de Saint-Léonard et des poëliers Normands, engagés par eux.

(3) On trouvera peut être singulier le fait de l'envoi en apprentissage du fils d'un orfèvre chez un poëlier ; mais il faut se rappeler que des artisans et petits industriels qui travaillaient les métaux : orfèvres, forgerons, balanciers, conchiers, fondeurs, maréchaux, tout en constituant des corps de métiers distincts, se considéraient comme appartenant tous à une famille commune de travailleurs, dont St Eloi était le patron.

A cet acte est attaché une lettre signée : DE BRUCELLES et datée de Saint-Léonard, le 3 janvier 1644 :

Madame,

Pour responce a la vostre, je vous diray que j'ay receu vostre filz, et m'en aquiteray comme je vous promist et en auray soingt comme de moy mesme.

..... Ma mere vous promest qu'elle en aura autant de soin comme si c'estoit son filz (1).

IV. *Estat des fraiz funebres de deffuncte dame Jeane Deverthamond, ma mere, decedée le samedy, 3 febvrier 1674, jour de St-Blaize, et ensemble le lendemain dimanche.*

Premierement, donné à Mr Martin, prehtre, viccayre de St-Pierre, pour les distributions necessaires........ 47 l.

Pour messes, aux Peres Recoletz............. 3 l.

A Mrs Dupuy et Dumas l'ayné, prehtres, pour 4 messes................................ 1 l. 12 s.

A Mr Martin, pour souder (*sic*) le compte du s^r Faute, ciergier, donné...................... 28 l. 10 s.

En messes, pendant le cours de l'année, pour le repos de l'ame de madite mere : a esté payé pour messes a Mrs Croizier, Gaumy, Dauvergne, Celiere, Faute, Dutreuil et Tyrebast, jusques et y compris le 16 febvrier 1675....................... 106 l.

MONTE....... 186 l. 2 s.

. . . .

Compte du luminaire que j'ay faict et fourny pour les honneurs funebres de feue dame Jeanne Verthamont, veufve de feu s^r Jean Peconnet, marchant de la present ville :

Premierement, pour veiller le corps dans la maison, 4 flambeaux cire blanche 4 livres (2).................. 5 l. 4 s.

Plus 36 flambeaux cire blanche de 17 livres..... 21 l. 11 s.

Plus, au grand autel de l'eglise Sainct-Pierre, dix cierges, de 1 livre 1/4 cire...................... 1 l. 5 s.

Plus 4 cierges a l'ampoulle, de 1/2 livre cire.... » 10 s.

28 l. 10 s.

(1) Cette lettre est un témoignage de la façon dont l'apprenti était traité dans la maison du maitre. On en trouve beaucoup de ce genre.

(2) Soit 26 s. la livre.

Mᵣ Martin, prebtre, doibt dire une messe tous les jeudis de chaque sepmaine, a l'honneur du Sainct-Esprit : a commencer ce jeudy, 4 febvrier 1675, ayant esté payé du passé...

Mᵣ Croizier, prebtre, doibt dire une messe tous les samedis de chasque sepmaine, a l'honneur de Notre-Dame : a commancé ce 17 febvrier 1675 (1).

. . . .

Et doibvent ces dits messieurs Martin et Croizier, continuer a l'advenir une messe du jeudy pour la prosperité de la maison par ledit sᶠ Martin, et celle du samedy par Mᵣ Croizier, *pro deffunctis,* celle-ci à raison de 6 s. prix ancien et convenu.

V. « *Devotions particulieres de ma deffuncte mere qu'il faut entretenir a sa memoire et tant qu'il nous sera possible* »

Tous les dimanches de l'année, une messe pour la maison, a l'honneur de Notre-Dame, et *in memoriam vivorum et deffunctorum* (2).

Tous les jeudys, a l'honneur du Sᵗ-Esprit, pour la necssité des affaires de la maison.

Janvier. — Le premier dimanche, une chandelle d'un sol a la confrerie du nom de Jesus, dans le cloistre de sᵗ Martial. — Le 2ᵉ dimanche, a l'ange Raphael, une chandelle d'un sol. — A sᵗ Pol, le 10ᵉ janvier, une chandelle d'un sol. — Le 17ᵉ, a sᵗ Anthoine, aux Arenes (3), une chandelle et trois deniers de rente. — Le 22, a sᵗ Vincens, dans l'eglise Sᵗ-Martial, une chandelle.

Febvrier. — Le 5, a la Confrerie Sᵗᵉ-Agatte, dans Sᵗ-Martial, une chandelle. — Le 9, a Sᵗᵉ-Appolline, dans Sᵗ-Martial, une chandelle (4).

Mars. — Le 19, a sᵗ Joseph, dans Sainct-Pierre, une chandelle. — Le ... a Notre-Dame-du-Portailh (5), dans Sᵗ-Pierre, une chan-

---

(1) Ces messes sont payées de 6 sous à 7 sous 6 deniers — et par abonnement quinze ou dix huit livres par an. On a vu plus haut les messes de Dupin et Dumas à 8 sous.

(2) Ces messes hebdomadaires étaient très co[illegible] Presque toutes les vicairies fondées par nos pères avaient à ac[illegible] er d[illegible] fondations de même nature, auxquelles certaines rentes spécia[illegible] affectées.

(3) Cette petite chapelle, qui se trouvait dans le grand cimetière des Arènes, et dont on a constaté l'existence vers le milieu du xivᵉ siècle, était dédiée à sᵗ Antoine, ermite ou abbé, et non à sᵗ Antoine de Padoue comme le dit le P. Bonaventure de Sᵗ-Amable. Les Pénitents gris s'y établirent en 1670.

(4) Il s'agit, dans toutes ces mentions, tantôt d'une confrérie, tantôt d'une chapelle ou autel placés sous le patronage du saint qui est désigné.

(5) Notre-Dame *du Porteau,* autrefois Sᵗᵉ-Geneviève, possédait une vicairie fondée par Jacques Noalhier avant 1564. On peut se demander si ce nom lui avait été donné parce qu'elle était placée à proximité du portail de l'Eglise, ou si la statue de cette chapelle n'était pas l'ancienne vierge de la porte Mirebœuf ou de la porte Poissonnière.

delle de deux solz ; un denier de rente. — Le premier dimanche d'apprez Pasques, a l'honneur des 5 playes de Jesus, aux Augustins, une chandelle.

Avril. — Le 29, a st Pierre-le-Martir, dans l'eglize des Peres Jacobins, une chandelle d'un sol. — Le 30e, a st Eutrope, dans St-Martial, une chandelle.

May. — Le 4e, a ste Monique, aux Peres Augustins, une chandelle. — Le 7, a ste Flavie, aux Peres Benedictins, une chandelle. — Le 8, a st Aurelien, une chandelle.

Juin. — Le 24, a la frairie de St-Jean-Baptiste, a St-Pierre, une chandelle d'un sol et suivre la procession. — Le 25, a st Esloy, aux Jacobins, une messe de cinq solz.

Juillet. — Le 7 juillet, jour de l'octave Sainct-Martial, une chandelle. — Le 20, a ste Marguerite, dans l'eglize St-Pierre, une chandelle d'un sol. — Le 28, a ste Anne, dans St-Pierre, une chandelle.

Aoust. — Le 2, a la frairie Notre-Dame des Anges, dans St-Pierre, une chandelle. — Le 10, a la frairie St-Laurens, dans St-Pierre, une chandelle. — Le 12, a la frairie Ste-Claire, dans St-Pierre, une chandelle. — Le 16, pour la lampe devant st Roch, un sol. — Le 17e, (st Rustique), une chandelle. — Le 30, a la frairie St-Fiacre, dans St-Pierre. une chandelle. — Le... (1) devant le bienheureux Bardon (2), dans St-Pierre, une chandelle.

Septembre. — Le 1er dudit mois, a accoustumé de tenir la frairie de Notre-Dame de Bonnes-Nouvelles, dans St-Pierre : fere dire la messe et vespres. — Le 4, a la frairie de St-Leonard, dans St-Pierre, une chandelle. — Le 6, a la frairie de St-Cloud, dans St-Pierre, une chandelle. — Le (3) ... a la frairie de Notre-Dame de Bon-Conseilh, a St-Pierre, une chandelle. — Le (4) ... a la frairie de Notre-Dame de Bonne-Nourriture (5), trois solz quatre deniers pour une livre de cire. — Le dimanche après le jour de Nostre-Dame, a la confrerie de Nostre-Dame sous les Arbres, une chandelle (6).

Octobre.

(1) Date restée en blanc.

(2) Bardon de Brun, l'*avocat des pauvres*, mort en 1625. Il n'a jamais été l'objet d'un culte régulier ; mais on vénérait sa mémoire comme celle d'un grand serviteur de Dieu et d'un des citoyens les plus dévoués aux intérêts de la ville.

(3) Date restée en blanc.

(4) Date restée en blanc.

(5) C'est la seule mention que nous ayons jamais rencontrée de cette fête et de cette appellation donnée à la Vierge, considérée sans doute ici comme la protectrice des enfants à la mamelle.

(6) De cire commune évidemment : on a vu plus haut les cierges et flambeaux payés vingt six sols la livre.

Novembre. — Le 2, a s^t Dampnolet (1), pour les fidelles trepassez, une chandelle et six deniers pour deux absolutions. — Le 25, a la frairie Ste-Catherine, dans St-Pierre, une chandelle.

Decembre. — Le 1er, a l'honneur de s^t Esloy, aux Jacobins, une messe. — Le 4, a la frairie de Ste-Barbe, dans St-Pierre, une chandelle.

VI. *Modèle de testament préparé par Jean Péconnet. Août 1678.*

Le..... jour du mois de..... (2) mil six cens..... (3) a Limoges, maison de s^r Jean Peconnet, bourgeois de ladite ville, par devant le notaire royal et tesmoins soubzsignés, etc., a midy, fust present en sa personne ledit s^r Peconnet, lequel, en son bon sens, apres avoir consideré la certitude de la mort et son heure incertaine, a desiré pourvoir a ses affaires et disposer de ses biens, et a faict son testament comme s'ensuit :

Premierement, s'est muny du signe de la croix, disant : *In nomine Patris, et Filii et Spiritus Sancti, amen !* et recommandé son ame a Dieu, invoqué la glorieuse Vierge Marie, saint Jean son patron, saint Martial et tous autres saints et saintes de paradis.

Veut, lorsqu'il aura pleu a Dieu l'appeller de ce monde, son corps estre inhumé ez tombeaux de ses predecesseurs, et estre employé, pour ses obseques et prieres pour le salut de son ame, la somme de cent livres, une fois payée (4).

De plus, donne et legue dix livres une fois payée aux s^{rs} bayles de la grande confrerie de Saint-Marcial (5), pour estre employée en ornement de la chapelle St-Benoist, ou ladite frairie est celebrée (6).

Comme ledit testateur soit conjoinct par mariage avecq damoiselle Narde Michel, son espouse, il recognoit avoir receu son

---

(1) Il ne faut pas s'étonner de voir Jeanne de Verthamont porter ses offrandes à une église de la Cité. St Domnolet était considéré comme un des patrons spéciaux de la ville de Limoges, et on exposait ses reliques, comme celles de s^t Martial, de s^t Aurélien et de s^t Loup, dans les temps calamiteux. Ses restes figuraient également à la procession « des Chàsses », appelée aux xiiie et xive siècles, procession « du Miracle » en souvenir de la guérison des Ardents.

(2 et 3) Ces blancs existent dans la copie certifiée par Chavepeyre, notaire royal, que possédait M. Ad. Péconnet du Châtenet.

(4) Dans presque tous les testaments de l'époque, on trouve les dépenses des obsèques du testateur ainsi fixées par lui-même ; c'était une précaution prise à la fois contre la parcimonie des héritiers et contre leur prodigalité.

(5) Jean Péconnet avait été secrétaire de cette confrérie.

(6) La chapelle de Saint-Benoît, qu'on croit être l'édifice désigné par quelques documents sous le nom de *Basilica Isemberti*, était au nord de l'église de Saint-Martial, parallèle au vaisseau et séparée du chœur par la basse église. On sait que l'hôtel de ville de 1239 se trouvait auprès de la « basilique d'Isembert ».

entiere constitution de quatre mil livres, et encores avoir receu
d'elle la valeur en argent, meubles, grains ou effects, de la somme
de unze cent livres, provenant de son tiers en la succession de feu
messire Joseph Michel, son frere, vivant curé de St-Prieth prez
Aixe, mort ab intestat, revenant lesdites deux sommes a celle de
cinq mil cent livres, de laquelle, desduitz cinq cents livres que sa
dite femme a constitué de son chef a Jeanne Peconnet, leur fille
aynée, expouze de sr Jacques Garnier, et que ledit testateur a payé
a la descharge de sadite femme, reste quatre mil six cent livres,
que ledit testateur a receu et recognoit a sa dite femme, qu'il veut
par elle estre prins et retirés, quand bon luy semblera, sur tous
ses biens, preferablement, pour en disposer a sa volonté.

Declaire encores qu'il appartient a sadite femme autre somme de
quatre cents livres de principal, echüe en partage des effects dudit
feu sr curé son frere, et dhüe en constitution de rente de vingt
livres, par le sr Robert, de la ville d'Aixe.

Outre et pardessus lesquels biens propres, appartenant a sa
dite femme, ledit testateur luy donne et legue la somme de deux
mil livres une fois payée, plus son coffre de noyer garny de ses
bagues et joyaux, et autres choses qui se trouveront dans ledit
coffre a l'heure du decez du sr testateur, sans que personne ayt rien
a voir ny examiner dedans.

Veut encore (1), par dessus tout, qu'elle soit nourrie, logée et
entretenüe sa vie durant aux despans de son heredité, et en cas
d'incompatibilité avecque son heritier bas nommé — qu'a Dieu ne
plaize ! — ledit testateur a creé et assigné sur tous ses biens a
sadite espouze, pour sa nourriture et d'une servante, une pension
de trente setiers bled seigle et deux barriques de vin a la mesure
de Limoges, et cinquante livres en argent, pour chacune année de
sa vie, et sa demeure dans deux chambres a son choix, garnies des
meubles qu'il luy plaira dans la maison que le testateur habite a
present; cette dite pension payable annuellement, par advance.
Moyennant ce, a faict sadite femme son heritiere particuliere.

Comme de leur mariage soient esté procreés ladite Jeanne, Joseph, Jean, Anthoine, Leonarde, Martial, Valerie Peconnet, leurs
enfans et filles legitimes, et que ladite Jeanne soit mariée avecq
sr Jacques Garnier, dottée et payée suffisamment, ledit testateur
veut qu'elle se contente, et pour tout autre droict legitime et sup-
plement d'icelle, luy legue la somme de cinq sols (2); moyennant
quoy la faict son heritiere particuliere.

Item, donne et legue ledit testateur a chacun desdits Jean, Anthoine, Martial, Leonard et Valerie, ses autres enfans et filles, la
somme de trois mille livres pour tous droictz, part, portions, legi-

(1) C'est-à-dire : en outre.
(2) C'était, dès le moyen âge, la somme stipulée en faveur des personnes qui ne devaient pas être omises au testament, mais auxquelles le
testateur ne voulait pas faire de legs. Cette stipulation avait évidemment
pour but d'affirmer que le testateur avait songé à elles, mais n'entendait
pas leur laisser une part des biens dont il disposait par son testament.

time, suplement d'icelle qu'ilz pourroient demander et pretendre
en ses biens, payables lesdits legats a l'aage de vingt ans complets,
et aux filles plus tost si elles trouvent party sortable pour se marier
et assigner *(sic)*. Cependant veut que lesdits enfants et filles soyent
nourris et entretenus decemment, aux despans de son heredité,
mesme que les enfans masles soyent eslevés a telles vacations
qu'ils souhaiteront et que neanmoins leur mere jugera plus propres et convenables par l'advis et conseil de leurs plus proches
parens et du s^r executeur du present testament; et [au cas] ou
quelq'un de ses enfans masles ne voudroit se compatir (1) avecq
sa mere et de *(sic)* l'heritier soubz nommé, et se retireroit contre
leur gré de leur compagnie pour vaguer sans honneste et utile
occupation, il declaire le priver de toute pension, entretenement et
interetz de son leguat, et ne veut luy estre payé de pension que
du jour qu'il reviendra a une occupation honneste et vacation de-
cente a sa condition : laquelle pension, en cas d'employ, ledit
testateur reigle a la somme de quatre vingt livres par an, payable
de six en six mois, par advance, sans que, par tel pretexte que
puisse estre, aucun de ses enfans legués (2) puisse fonder ny pretendre, en jugement ny autrement, une plus haute pension sur la
proportion des leguats : lesquels, pour oster toute matiere a procès,
le testateur declare avoir rendu esgaux et si avantageux, sur l'es-
perance de l'union, concorde, obeissance, travail, service mutuel
entre freres et devoirs envers leur mere, ainsin qu'il les exhorte (3);
joinct que ledit testateur a dict estre dhuement informé de la mo-
dicité de ses revenus, lesquels, se trouvant divisés, en resteroient
très peu a son heritier; aussy, pour ne semer de discorde entre
ses enfans, ledit testateur n'a voulu en grever aucun de subztitu-
tion, si ce n'est Jean, son filz (4), lequel, pour n'avoir voulu respon-
dre de sa personne aux louables employs qu'il luy avoit procurés,
et ne le trouvant d'une inclination raisonnable, a voulu subztituer
iceluy Jean, comme il le subztitue, pour son entier leguat de
trois mil livres, en faveur de son frere Joseph, heritier cy-apprès
institué, non seulement jusques a l'aage complet de vingt cinq ans,
mais encore pour toute sa vie, s'il vient a mourir sans enfans procreés de legitime mariage ; que s'il change de mœurs meilleures
qu'il n'a pas tesmogné jusques a present, travaille utillement et
se marie legitimement au gré de sa mere, de son advis, de ses
proches parens et du sieur executeur testamentaire, apprès avoir
atteint l'age de vingt cinq ans complet, le testateur veut que son
leguat de trois mil livres luy soit payé en biens fondz valant ladite

(1) Compatir n'est plus en usage dans ce sens. On a cependant conservé
incompatible et *incompatibilité*.

(2) C'est-à-dire « pourvus d'un legs ».

(3) Ces idées sont plus ou moins explicitement exprimées dans beaucoup de testaments; mais elles le sont ici avec beaucoup de netteté et
de simplicité à la fois.

(4) Ce Jean était une mauvaise tête qui, après avoir donné beaucoup
d'ennuis et de chagrin à ses parents, n'en donna pas moins à son frère aîné.

somme pour servir d'assignat et fournir a l'ouverture de sa subz-
titution en cas qu'il n'ayt d'enfans de son legitime mariage.

Moyennant ce, ledit testateur faict ses dits enfans et filles, et
chacun d'iceux, ses heritiers particuliers. Veut qu'ilz ne puissent
rien plus demander et pretendre a ses biens.

Et [au cas] ou sa femme se trouveroit enceinte, il donne et legue
au posthume, soit garcon ou fille, la somme de deux mil livres,
une fois payée, au mesme terme et condiction, suivant son sexe,
de ses autres freres et sœurs. Moyennant ce, le faict son heritier
particulier (1).

Item, a tous autres qui se diront parens du testateur et preten-
dront en ses biens, il donne et legue a chacun la somme de cinq
solz pour tous droicts, et moyennant ce, les faict ses heritiers particuliers (2).

Item, et au residu de tous et chacuns autres biens dudict testateur, meubles, immeubles, presents et avenir, droitz, noms, raisons et actions, il a faict, institué, de sa propre bouche nommé,
comme faict et nomme, son heritier universel, seul pour le tout,
ledict Joseph Peconnet, son fils ayné, a present licencié ez loix,
et receu advocat au siege presidial de ceste ville, en supportant
les charges, pour disposer de sadite heredité a sa volonté, comme
de sa chose propre, l'attestant suffisant, capable et solvable pour
lepver et recevoir les sommes qui luy sont dhües et aussy de payer les
susdits leguats, voulant que, pour raison d'iceux, il ne luy puisse
estre demandé aucune caution ny asseurance, telle qu'elle soit, dont
il le descharge dès a present, moyenant qu'il soit faict inventaire
et description sommaire des biens et effects dudict testateur, deux ou
trois jours après son decès, par devant tel notaire royal que bon
semblera a sa mere, et en presences de deux proches parens qu'elle
voudra appeler, et avecq le sr executteur bas nommé, et moyennant aussy que ledict heritier se charge en mesme temps du contenu audit inventaire [sur] sa simple caution et foy juratoire. [Au cas]
ou il refuseroit d'abord d'accepter purement et simplement l'heredité et ne se soumetroit au payement des dites charges, ledit
sr testateur refaire (3) la mesme heredité a ladite damoiselle Narde
Michel, son espouxe, et faict leguat audict Joseph Peconnet de la
somme de six mil livres, payable en argent ou biens fondz de
l'heredité au choix et plus grande commodité de sadicte mere,
a l'aage complet de vingt cinq ans. Cependant sera noury et
entretenu aux despens de l'heredité.

(1) Stipulation très commune dans les anciens testaments. On remar-
quera que le legs éventuel de l'enfant posthume est inférieur à celui de
ses frères et sœurs. Le père ne l'aura pas connu, et il tient à marquer une
différence entre lui et ses autres enfants.

(2) On trouve cette clause de précaution dans presque tous les testaments. Nous avons vu plus haut pareil legs de cinq sols fait à une fille
que Péconnet estime suffisamment dotée.

(3) *Réfère.* La clause est à remarquer. Nous avons dit ailleurs qu'on
trouve souvent la mère constituée héritière, conjointement avec l'aîné
des enfants.

Nomme ledict testateur, pour executeur de son present testament, M. Vidaud, seigneur du Carrier, conseiller du Roy, lieutenant particulier aux siege presidial senechal de Limoges, luy donnant le pouvoir qui est requis a cest effect, avecq priere très humble de continuer envers sa famille les mesmes affections qu'il luy a tesmognées pendant sa vie.

Casse et revoque ledit testateur tous autres testaments, codicille, donation s'il s'en trouvoit, declairant n'en avoir jamais plus faict aucun autre (1). Veut que celuy cy soit le sien dernier et qu'il vaille par droict de testament, codicille, donation accause de mort et autrement, en la meilleure forme qu'il pourra et debvra valloir. Et parce qu'il est selon son desir et intention, il l'a escript et signé de sa main après avoir declairé, pour le repos de sa famille, qu'il ne doibt ny n'est obligé a personne d'aucune somme de deniers par obligation ny cedulle, et du tout a requis acte audit notaire royal soubzsigné. *Signé* a la minute des presentes : J. Peconnet, testateur susdict. *Et plus bas :* Moulinier de Puymaud, juge royal de Limoges : *Ne varietur* (2).

VII. *Inventaire au décès de Jean Péconnet. 31 octobre 1679 et jours suivants.*

Aujourd'huy, dernier du mois d'octobre mil six centz et soixante dix neuf, a Limoges, estude et par devant le notaire royal et les temoins soubsignés, avant midy, s'est presenté Mᵉ Joseph Peconnet, advocat en la Cour, habitant de la present ville, lequel a exposé

(1) Nous voilà loin de la précaution qu'Etienne Benoist *le vieux* recommandait à ses neveux au quatorzième siècle : « Tenez votre testament prêt et le refaites chaque année ».

(2) Ce testament, non daté, comme on l'a vu plus haut, mais écrit sur une grande feuille de papier timbré de six liards, avait été déposé entre les mains de Narde Michel par son mari, dans les derniers jours de décembre 1678, au moment où il se disposait à partir pour Paris. Son séjour dans cette ville, où l'avaient appelé ses affaires, se prolongea bien au-delà de ses prévisions et il ne put repartir pour Limoges que vers la fin du mois d'août 1679. Arrivé à Poitiers par le « carrosse » — la diligence d'alors — il y tomba malade et y mourut le 30 août. Sa veuve remit, le 11 septembre 1679, le testament de son mari au juge royal, et l'authenticité de la signature, du paraphe et de l'écriture de cette pièce, toute entière de la main de Jean Péconnet, fut attestée, sous la foi du serment, par son fils aîné et quatre témoins.

La pièce, intéressante à divers titres, pourrait, si elle contenait un peu plus de libéralités pieuses, être considérée comme le type de l'expression des dernières volontés de nos bourgeois limousins aux xvⁱⁱ et xviiⁱ siècles. On a vu que le chapitre des legs de dévotion ou de charité se réduit à dix livres données à la Grande confrérie de Saint-Martial. Rien aux autres confréries, rien à sa paroisse, rien à l'hôpital, rien aux religieux mendiants, rien à l'ermite ni à la recluse. Toutefois le ton général de ce document, l'ensemble de ses dispositions et les mesures prises à l'égard d'un de ses fils qui menait déjà une mauvaise conduite et avait causé beaucoup de chagrins à ses parents, méritent d'être remarqués.

que feu sieur Jean Peconnet, son pere, etant decedé en la ville
de Poictiers, il se seroit trouvé, en son coffre et parmy ses papiers,
son testement, escrit et signé de sa main, lequel auroit esté mis ez
mains du notaire royal soubsigné; et parceque, par ledit testement,
ledit feu s^r Peconnet vouloit qu'il fut fait inventaire de ses meubles
et papiers par devant un notaire, de ce en consequence ledit s^r
Peconnet nous a requis nous vouloir porter tout presentement en
la maison dudit feu sieur son pere, et dans laquelle il fesoit son
habitation, scize a la Porte Poulaliere, pour proceder audit inventaire, disant a ces fins avoir *faict advertir ses parentz proches pour
assister a iceluy, suivant et conformement au susdit testement.* Ce
que executant, et nous etant a l'instant portés en la maison dudit
deffunct, avons trouvés assemblés Mrs Mes Jean Vidaud, seigneur du
Carrier, conseiller du Roy, lieutenant particulier en la senechaussée
de Limousin et siege presidial de Limoges ; Jacques de Petiot, seigneur de La Mothe de Gain, conseiller du Roy en ses conseilz ; sieur
Joseph Michel, clerc tonsuré, filz de feu s^r Jacques Michel, parentz,
au desir du testement ; — et en leur presence et dudit sieur requerant et de damoiselle Leonarde Michel, *veufve dudit feu sieur
Peconnet,* avons procedé audit inventaire comme s'ensuit :

Premierement, estant montés en la chambre de ladite maison
qu'est sur le devant et regarde sur la rue, avons trouvé, dans
icelle, un grand coffre bois de noyer, fermant a clef, lequel ayant
esté ouvert, s'y est trouvé divers livres traittantz de diverses ma-
tieres, au nombre de neuf livres in folio, trente trois in quarto et
sept in octavo; — Plus une table ronde, bois de noyer, ayant un mauvais tapy de Bergame ; trois petits licts a pantes aussy garnys de
Bergame, ayant chacun une coüette, cuissin, paillasse et couverte : le tout fort usé; quinze chiezes aussy garnyes de Bergame,
uzées ; un payre armoires bois de noyer, fermant a quatre portes
avecq trois serrures, servant a mettre le pain et autre depence (1)
de la maison ; un payre chenets de fonte anciens et une cramaliere ;
un petit coffre dans lequel s'est trouvé quatre livres chandelle ;
plus un baricot de sel ; plus a l'attelier (*sic*) qu'est sur la porte, s'est
trouvé huict vieux mousquetz, acquebuzes ou fuzils, pliés dans leur
enveloppe ; un epée, la garde et pougnée de fert.

Passés dans la chambre de plein pied sur le derrier, servant de
cuisine, avons trouvé une table bois de chesne fort vieille; six
escabeaux servant a ladite table, vieux ; un vieux armoire a deux
tirettes, fort ancien et de tres peu de valeur ; plus quatre potz de
fert de diverses contenances, dont l'un est de Loraine ; trois chauderons, l'un de trois éculées, l'autre d'un demy sceau, et l'autre
d'un sceau et demy ; un basin contenant un sceau ; trois platz
commungs ; huict assiettes, neuf ecuelles, une peinte, les trois chopines, une tarsiere, une chopine et la roquille, une eguiere couverte, le tout d'eteing commung ; plus deux platz d'airain, plus un

(1) On donne encore, dans plusieurs vieilles maisons de Limoges, le
nom de *dépense* à l'office de la cuisine.

petit pot de Loraine, contenant une eculée, son couvercle d'airain ; deux poyles, une grande et une petite ; une lechefritte, un gril, une grille, un culier a pot et un passoir ayant la queue de fert ; deux chandeliers de laton, un chauffelict, une broche de fert, deux payres chenetz de fert : l'un grand, l'autre petit ; une payre pinsettes, une pasle, une cremaliere, plus un coffre dans lequel s'est trouvé dix livres chandelle ; une cheze de bois pour les malades (1), un mortier de fert, un grand trepied de fert.

Montés dans la chambre seconde, sur le devant, y avons trouvé deux lictz : l'un grand et l'autre petit, garnis de rideaux de sarge, couleur bleufve, avec leurs couëttes, cuissins, paillasse et couvertes même couleur ; une vieille table avec ses deux bancz : ladite table ayant un tapy aussy de sarge, couleur bleufve, fort ancien ; plus un grand payre d'armoires, bois de noyer, a quatre portes et deux tiroirs, dans lesquels s'est trouvé un petit livre journal couvert de parchemin, intitulé : *Livre des mettayers du Chastenet*, ou il y a trente sept feuilletz et demy escript, le restant en blanc ; plus troys payres chandeliers d'etcing fein et un autre servant pour un cabinet, aussy d'eteing ; dix buit platz grands et moyens ; deux assiettes creuzes ; dix huict assiettes, deux assiettes percées ; un escuelle couverte, un sucrier d'eteing, un grand plat bassin : le tout d'eteing fin, marqué des armes dudit deffunct (2) ; plus une douzaine d'assiettes d'eteing commung ; deux grandz platz, quatre moyens et quatre assiettes creuzes, trois salieres, un moutardier, aussy d'eteing commung, et un biberon d'esteing fin ; plus une coutteliere garnye de six coutteaux de peu de valeur ; un payre pistoletz de forest... (3) ; diverses petites comedies (4) : le tout ayant esté dans les dites ormoires ; plus un bahus noir, dans lequel s'est trouvé diverses petites hardes de ladite damoiselle Michel et de ses habitz, qu'on a veu ne devoir etre inventoriées en detail, la clef lui ayant eté remize ; plus avons trouvé un grand coffre bois de noyer, fermant a clef, lequel ladite damoiselle Michel a dict luy avoir esté legué par le testament dudit feu s^r Peconnet, son mary ; et n'a voulu souffrir l'inventaire des choses qui estoient dedans, pour luy appartenir, sans qu'on peu voir ni examiner dedans ; et [a] asseuré moyenant son serement qu'il n'y a autre chose, seulement ses bagues, joyaux et autres choses portées par le leguat dudit coffre sans examiner et sans argent ; — plus un vieux armoire, proche dudit coffre, fermant à deux portes, lequel ayant esté ouvert, s'est trouvé deux lanternes, du pain et autre petite chose de depence de

(1) Peu à sa place dans une cuisine, il faut en convenir. Mais il ne faut pas oublier que la cuisine était la seule pièce habitée durant le jour.

(2) Le livre de raison de Jean Péconnet nous apprend que cette vaisselle, marquée à ses initiales et à ses armes, avait été achetée au cours d'un voyage à Paris, en juillet 1660. (V. nos *Livres de raison et registres domestiques*, p. 310.)

(3) Une déchirure.

(4) Nous croyons bien lire. S'agit-il de livrets de pièces représentées au collège des Jésuites ?

la maison ; plus, joignant ledit armoire, s'est trouvé une (*sic*) autre
armoire vieux, fermant a quatre portes, dans lequel s'est trouvé
divers caiectz de philosophie et de droict et des quartes montées
sur des quadres pour la *geographie* ; la *robbe et bonnet de palais*
dudit sieur Peconnet requerant, avecq deux payres de ses habitz :
l'un de drap de Carcassonne, gris, et l'autre de ras noizette ; plus
un grand armoire presque neuf, fermant a quatre battans, a deux
serrures, dans lequel s'est trouvé un vieux tapy de ras....., un
autre tapis de Bergame melé de soye ; trois tableaux : l'un representant un Crucifix, a l'huyle, et les autres deux representant la
Sainte Vierge et un Ecce Homo ; un autre representant Notre Dame
du Rozaire ; deux cartes de geographie ; *six chemizes d'homme,
toyle blanchie* ; trois douzaines serviettes grosses ; six napes gros-
sieres ; quatre payres calessons d'homme ; huict payres pour les
enfanctz ; deux douzaines chemizes pour les enfantz ; une douzaine
de tabliers; deux pieces coitis(?) contenant en tout quarante aulnées ;
six payres chaussettes ; deux douzaines chemizes d'hommes gros-
sieres et uzées, dix essuye mains, et le linge et chemizes de ladite
damoizelle Michel, tout le dit linge etant a demy uzé ; plus deux
douzaines serviettes fines, avecq quatre napes fines aussy uzées.
Plus il s'est trouvé une autre table double sans bancz ; un payre
chenetz, une cramaliere ; plus a l'attelier (*sic*), sur la porte de ladite
chambre, s'est trouvé six vieux mousquetz ou fuzils tous rompus
et de tres peu de valeur, une vieille halebarde et deux petits mous-
quetons aussy rompus ; plus une grande cheze a bras, couverte de
sarge bleue uzée, etc.....

Et advenant le troizieme jour du mois de novembre audit an,
estant remontés dans ladite chambre seconde sur le devant, ou
nous etions la derniere sceance, avons trouvé dans icelle, outre les
choses deja inventoriées, un demy coffre boys de noyer, lequel
ayant eté ouvert, avons trouvé dans iceluy le livre d'affaires dudit
deffunt s^r Peconnet, ecript de sa main, couvert d'un parchemin et
relié, commençant au premier feuillet, numerotté un : « *Jesus,
Marie, Joseph* », en chef, et ensuitte : « C'est le Livre Journal de
moy, Jean Peconnet (1) », finissant au feuillet numerotté cent unze,
par ces motz : « Cothe nouvelle, qu'avons faict cy pour quatorze
sestiers », ledit livre escript en divers articles et y ayant plusieurs
feuilletz en blanc ; et a cette occasion, a la requeste dudit s^r Peconnet, a eté paraphé par le notaire soubzsigné au bas de l'endroict
de chaque page ou finissoit l'ecriture dudit s^r Peconnet deffunct :
iceluy livre ayant l'alphabet ou repertoire a la fin ; plus un sacq
dans lequel avons trouvé une obligation de la somme de deux centz
cinquante deux livres, dheue audit feu s^r Peconnet par Jean Cha-
brol dit Rouchaud, etc. (2) ; plus un contract d'obligation du deu-
xieme aoust XVIe soixante deux, par lequel le seigneur de Bonneval
doibt au deffunct la somme de six centz trente livres, et pour

(1) C'est le manuscrit dont nous avons publié de nombreux extraits dans
nos *Livres de raison*, p. 301 et ss.
(2) Nous passons l'énumération de quelques créances et contrats.

l'asseurance, ledit seigneur a delaissé audit s' Peconnet un bassin, deux porte assiettes et quatre flambeaux, le tout d'argent, qui ont été trouvés dans le mesme coffre avec ladite obligation ; plus une saliere d'argent en son estuy, laissée audit feu s' Peconnet pour asseurance de trente six livres, prettées a Anne la Chapeliere (1); plus deux crochetz d'ort, aussy laissés audit feu s' Peconnet pour asseurance de dix sept livres pretés a ladite La Chapeliere; plus deux bagues d'or aussy laissées audit feu s' Peconnet pour asseurance de douze livres dix solz pretés a la dame Denoyer; plus deux culiers et une chesne d'argent, aussy laissés en asseurance audit deffunct pour vingt huit livres prestés a la dame Faute; plus un bassin d'argent, une aiguiere, un vinaigrier aussy d'argent, laissés aussy pour asseurance par la susdite Anne La Chapeliere, pour la somme de 180 livres. Plus a esté trouvé dans ledit coffre un petit sac de cuir, et dans iceluy soixante dix pistoles ou louys d'or, valant la somme de sept centz soixante dix livres; plus un sac de toyle, ayant dedans des louys de trois livres et de trente solz, lesquels ayant eté comptés, s'y est trouvé la somme de huict centz trente livres; plus un autre sac de toyle dans lequel se sont trouvés aussy des louys de trois livres et de trente solz, lesquelz ayant esté comptés, s'y est trouvé la somme de cinq centz quarante livres, de laquelle somme ledit s' Peconnet, requerant, a dict qu'il appartient certaines portions aux sieurs de Chaztandeau et de Faugeras, comme ladite somme provenant du remboursement de rente sur l'hostel de ville de Paris, en laquelle lesditz sieurs estoient parprenantz (sic) en qualité de coheritiers de M' de Verthamond des Villenes ; plus un autre sac de douzains, lesquelz ayant eté comptés, s'y en est trouvé cent treize livres; plus un sac de deniers, dans lequel s'est trouvé dix livres ; plus s'est trouvé un sac de toyle et dans iceluy les pieces concernant les affaires que ledit feu s' Peconnet avoit avec demoiselle Marselle Decordes et feu Jean de Verthamond, sieur des Montz, etc..... Plus deux sacz, attachés ensemble, cottés H et B, ou sont les tiltres des affaires domestiques dudit deffunct : lesquels ayant esté parcourus, s'est trouvé d'enciens contractz de mariage, inventaires, testementz, dation de tutelle, transactions et autres enciennes affaires dudit s' Peconnet et de ses autheurs, le tout cotté de la main du deffunct et remarqué par lettres d'alphabet, savoir : dans le premier desditz sacz, puis la lettre A jusques a la lettre double AA. et l'autre, puis lettre double BB jusques a quatretruple R, en ce qu'il n'y a pas de triple alphabet.

Plus un gros sac cotté par lettre C et numerotté *sac troizieme*, notté par les motz cy appres : *Ou sont les papiers, tiltres et contractz d'acquisition de nostre maison de Leymagene, autrement la Porte Poulalière, inventoriez au repertoire*, ladite cotte escripte

---

(1) Nous trouvons, dans tous les livres de famille, mention d'objets remis au preteur en garantie du remboursement. Le prêt sur gage peut assurément donner lieu à bien des abus; mais rien n'est, en soi, plus naturel et plus licite.

de la main du deffunct. Plus autre sac cotté D et cotté de la main dudit feu s^r Peconnet par ces motz : *Sacq quatriesme, ou sont les tiltres et contractz de nostre maison de l'Arbre peint....*; plus autre sacq numerotté C, cotté de la main dudit feu s^r Peconnet : *Sacq cinquieme, ou sont les tiltres et contractz de la maison de Consulat, de laquelle nous appartient un tiers,* etc..... Plus autre sacq numerotté et cotté de la main du deffunct : *Sacq sixieme, ou sont les tiltres et contracts de nostre vigne de Balezis, inventoriez au repertoire,* ayant y attaché un autre sac aussy cotté de la main du deffunct : *Pour Jeanne Verthamon, veufve du sieur Peconné de Menderesse,* etc..... (1)

Et advenant le lendemain, quatriesme dudit mois de novembre soixante dix neuf..... avons continué ledit inventaire comme s'ensuict :

De plus, avons trouvé, dans ladite chambre seconde, un bahus de La Rochelle, couvert de cuir noir. lequel ayant eté ouvert, s'est trouvé dedans un sacq cotté de la main dudit feu s^r Peconnet : *Sacq ou sont les papiers et procedures contre le prieur (?) Rougier,* concernant l'afferme de l'Aumosnerie *;* plus autre sacq cotté de la main du deffunct : *Sacq pour dame Jeanne Verthamond, veufve de Jean Peconnet, opposante aux criées des biens de dame Valerie Morel et Martial Pouret,* etc... Plus un grand sacq de toyle cotté dessus : *Sacq ou sont les pieces et tiltres concernant nostre metterie du Chastenet et rente fonciere dheüe sur ledit village ;* plus autre sacq intitulé : *Missives escriptes au s^r Jean (?) Peconnet pour plusieurs affaires qu'il avoit faict pour diverses personnes ;* — finalement s'est trouvé un livre relié couvert de parchemin, intitulé : *Repertorium titulorum,* commençant par ces motz au feuillet numero un : « Me Psaulmet Peconnet, filz de Me Pierre Peconnet », etc., et finissant, au feuillet numerotté cent cinquante huict verso, par ces mots : Signée Flottes, et de moy » (2), etc...

...Tous lesquelz papiers, sacqs et tiltres sont esté remis dans ledit coffre, dans lequel il s'est trouvé, outre ce que dessus, un esguiere d'argent, une saliere, une vinaigrette, trois taces en ovalle (?), autres trois tasses rondes. le tout d'argent fin, pesant : lesdites aiguiere, saliere, vinaigrette et tasses, six marcs quatre onces ; six culiers et six fourchettes d'argent fin, pesant deux marcs ; plus autres six culiers d'argent commung pesant six onces; plus autres huit culiers d'argent fin du poids d'un marc.

Et a coté de ladite chambre, y a un cabinet dans lequel avons trouvé cinq livres in folio, dix sept livres in quarto et dix huict in octavo, tous lesquelz livres estantz pour le Droict ; plus un habit de drapt noir dudit s^r requerant, un manteau barracan gris, une espée façon d'argent, un payre pistoletz a foureaux, un autre espée noircie, un mousqueton, une cheze garnie de sarge bleufve vieille...

<hr>

(1) La plupart de ces dossiers se trouvent encore dans les archives de la famille.

(2) Nous publions des extraits de ce manuscrit dans notre recueil : *Nouceaux registres domestiques.*

D'illecq sommes montés a la troizieme chambre sur le devant,
dans laquelle avons trouvé un grand coffre en bois de noyer fort
vieux, fermant a clef, dans lequel avons trouvé, apres qu'il a esté
ouvert, vingt quatre linceulz toyle de brin neufz ; six autres
d'etouppes grosses, a demy uzés ; plus un autre grand coffre *sive*
arche dans lequel s'est trouvé six napes d'estouppes, vingt linceulz
aussy de brin neufz ; quatre napes fines uzées ; une douzaine serviettes fines neufves ; une autre douzaine fines uzées ; six chemizes
d'homme uzées ; quatre autres nappes grosses uzées ; plus un
vieux payre d'armoires fermant a deux ballans, avecq une serrure,
ou avons trouvé un grand tapy de Bergame neuf, un autre vieux
tapy de table gris, de sarge, tout uzé ; deux vieux habits de came-
lot noir, dudit feu sieur Peconnet, tous uzés ; deux petits cuissins
de plume, et de la ferraille de peu de valeur ; plus un autre payre
d'armoires aussy a *deux ballantz, fort vieux, ou il n'y a qu'une*
serrure, ou il ne s'est rien trouvé qui merite d'estre inventorié ;
sur lesquelz armoires s'est trouvé un crucifix de bois ;

Plus un autre coffre de noyer, aussy fort vieux et uzé, fermant a
clef, lequel ouvert, s'est trouvé y avoir deux napes fines pour une
table longue, six linceuilz uzés, un sabre a garde de Suisse, façon
d'argent, et un autre sabre garde de fert ; deux douzaines serviettes
fines uzées ;

Plus un autre grand coffre ou arche, ou s'est trouvé deux douzaines serviettes etouppes neufves, six nappes etouppes neufves ;

Plus autre vieux coffre servant a mettre des chandelles, dans
lequel il y a dix livres chandelle de suif, avecq les panonceaux pour
les mortuaires aux armes des Peconnetz (4) ;

Plus une vieille table avecq ses deux bancz, uzée et de peu de
valeur ; un vieux lict et couchette garnys ledit lict de rideaux vert
tous petits (?) et ladite couchette sans rideaux, avecq leur cuissin,
paillasse, couette et couvertes, le tout encien et uzé ; une vieille
cheze a bras de bois, sans tapisserie.

Passés dans la troizieme chambre sur le dernier (*sic*), de plein
pied, la susdite servant de grenier, dans laquelle avons trouvé
deux vieilles tables sans bancz, un payre chenests de fert ; une
cassette fermant a clef, que ladite damoizelle Michel a dict luy
appartenir et avoir dans icelle les chezubles du feu sieur, son
frere, curé de Sainct Prieth, auquel elle a succedé pour un tiers ;
plus une piece de sarge couleur d'olive, contenant quinze aulnes
ou environ ; autre piece de sarge jaulne, moytié layne et fil, de dix
aulnes ; un autre tapys de Bergame servant aux processions (2) ;
une couverte blanche neufve ; une couverte bleufve uzée ; un payre

(1) Voilà des objets qui prouvent à la fois et l'attachement des Péconnet
à leurs traditions domestiques et leurs habitudes d'ordre et d'économie
qui se conciliaient très b'en, on le voit, avec leur *petite vanité, fort excu-
sable du reste.*

(2) Cette pièce de tapisserie, qui se met aux fenêtres les jours de processions, est mentionnée dans le livre de raison de Jean. Il avait acheté à
Paris cinq pièces de Bergame, plus un tapis, en 1661.

de vieilles bottes ; une valize, un habit ras capat du deffunct ; un vieux manteau barracan gris, deux haches, un grand pot de fert avecq sa couverture de cuivre, contenant un sceau et demy ; un autre pot de Loraine mediocre, avecq sa couverture de cuivre ; un pot de fert a accommoder les chatagnes ; une coignée et deux coins de fert, un gril, un poylon, deux bassines de laton uzées et touttes cassées, deux chauderons : un grand et un petit ; autres deux petits bassins uzés : une platene de laton ; deux broches de fert ; un rascheau de fert uzé.

Montés au galatas, sur le devant, y avons trouvé un grand coffre ou arche fort vieille, fermant a clef, ou avons trouvé six nappes blanchies, etouppes fines, neufves ; deux douzaines et demy serviettes fines blanchies neufves ; deux pieces toiles brin, contenant vingt aulnes chacune ; dix aulnes toyle blanchie ;

Plus une autre grande arche, dans laquelle nous avons trouvé une cuirasse, casque, ganteletz de fert et de la ferraille environ trente livres pesant, plus deux picques, une halebarde, un vieux bois de lict avec sa couette, cuissin fort vieux, sans rideaux, un grand plaque de fert ronde.

Et plus haut, sur le degré de ladite maison, avons trouvé un cabinet fermant a clef, et y avoit dedans vingt trois livres d'escoliers fort vieux, uzés et rompus, trois arcageletz (?) d'acier fort vieux, un payre balances fort vieilles.

Montés dans le grenier du lard, y avons trouvé un suif de pourceau du poids de dix livres, six livres de lard rance, un saloir de bois uzé, cerclé de bois.

Et d'illecq montés dans la galerie, n'avons rien trouvé dans icelle.

Descendus dans le bas de la maison, au dernier (*sic*) le degré, au lieu appelé le bucher, y avons trouvés un tonneau de la contenance de quinze charges de vin ou environ, ayant quatre cercles de fert ; deux charrettées de bois a brusler ou environ.

De là sommes allés dans la boutique, sur le devant, ou avons trouvé huict aix commungs bois cerizier, de huict piedz de longueur chacune, et dans l'arriere boutique, proche du porge, s'est trouvé une charretée de serments.

Descendus dans la cave basse, avons trouvé dans icelle quatre pippes cerclées de quatre cercles de fert chacune, pleines de vin vieux du present païs ; six pippes cerclées de quatre cercles de fert vuides.

....(1)

CHAVEPEYRE, notaire royal hereditaire.

(1) Ce document se termine par l'inventaire des propriétés, qui nous a paru peu intéressant.

VIII. *Extraict des fraix funeraires de feu s^r Anthoine Peconnet
1685 (1).*

Premierement :

Pour les droicts de M^r de St Michel (le curé), tant pour sa distribution que droits curiaux, la somme de........	11 l. 7 s.
P. Mr Texier, v[icaire].....................	2 l. 14 s.
P. Mr Gadaud, v...........................	1 l. 11 s.
P. Mr Renaudin, v.........................	1 l. 11 s.
P. Mr Collusson, v........................	1 l. 11 s.
P. Mr Farne et pour les *Agonisants* (confrérie).	1 l. 16 s.
Pour les cloches.......................	3 l. 2 s. 6 d.
P. Mrs Bardonnaud et Roussaud. diacres......	2 l. 12 s.
Mrs Peyrat et Pradelas................	2 l. 12 s.
M^{rs} qui ont porté les crois.	2 l. 12 s.
Mr Valade, sacristain....................	1 l. 6 s.
Mr Freysineaud, orgueniste..............	1 l. 6 s.
Mr Martin (1)........	13 s.
Mr Reymond...........................	13 s.
Mr Granchaud..........................	0 s. (*sic*)
Mr Michel.............................	13 s.
Mr Lamy...............................	13 s.
Mr Brugiere...........................	13 s.
Mr Progey (?)...........................	13 s.
Mr Pichon..............................	13 s.
Mr Leymarie...........................	13 s.
Mr Crouchaud.	13 s.
Mr Garat..............................	13 s.
Mr Ribaignat...........................	13 s.
Le R. P. (*sic*) Ermite (2)...................	19 s.
La Recluse..........................	6 s.
P. Riblerre.........................	13 s.
P. Bouchelou........................	13 s.
P. les droicts de la fabrique et merguillier....	3 l. 2 s. 6 d.
P. le candelabre, ...	1 l.
P. le paly (3), torches et pour le Corps de Dieu	7 l.
P. les coups des *Agonisants* (4).............	5 s.
A Reporter......	55 l. 2 s.

(1) Antoine Péconnet, frère de l'avocat Joseph, était décédé sur la paroisse de Saint-Michel et avait été enterré à Saint-Pierre le 17 septembre 1685.

(1) M. Martin et les suivants sont probablement les prêtres communalistes de la paroisse n'ayant pas le titre de vicaires.

(2) Peut-être l'ermite et la recluse assistaient-ils à cette époque aux enterrements de quelque importance.

(3) Le poële.

(4) La sonnerie au moment de l'agonie des confrères de cette association.

Report......	55 l. 2 s.
P. les porteurs...........................	2 l. 5 s.
P. les valets.............................	1 l. 10 s.
Pour la pleinte (*sic*), pain et vin (1)..........	12 s.
P. l'eschaffou (?) (2)......................	1 l.
Pour celuy qui a porté le ban pour poser le corps.........................	5 s.
P. le masson (3).........................	1 l. 6 s.
P. la caisse, donné au Baby (4).............	2 l. 5 s.
P. le serviteur de Mr Vertamond, chanoisne (5)	5 s.

Donné dans St-Pierre pour le susdit enterrement :

P. M^r le Curé...........................	5 l. 4 s.
P. Mr Ardy, v[icaire]..	2 l. 6 s.
P. Mr Croysier..........................	1 l. 3 s. 4 d.
P. Mr Defflottes........................	1 l. 11 s.
P. Mr Limousin.........................	1 l. 4 s. 6 d.
P. l'asistant de Mr Vertamond (6).........	1 l. 6 s.
P. Mr Cybot, v.........................	1 l. 8 s.
P. Mr Chouzy, v........................	17 s.
P. Mr Jolivet, v..	17 s.
P. Mr Pabot............................	12 s.
P. Mr Malet............................	12 s.
P. Mr Voureyx..........................	6 s.
P. Mr Goumy...........................	6 s.
P. Mr Guery....	6 s.
P. Mr Decordes.........................	0 s.
P. Mr Farne............................	6 s.
P. Mr Beaulaygue.......................	6 s.
P. Mr Dumas...........................	0 s.
P. Mr Dupin............................	0 s.
P. Mr Bechade..........................	6 s.
P. Mr Cybot, curé.......................	6 s.
P. Mr Goudin...........................	6 s.
P. Mr Mailhot..........................	6 s.
P. Mr Sardine..........................	6 s.
P. Mr Laroudic.........................	6 s.
P. M. Guineaud.........................	6 s.
P. Mr Londeyx.........................	6 s.
P. Mr Tixier.....................	6 s.
A Reporter......	85 l. 14 s. 10 d.

(1) S'agit-il d'une collation donnée aux sonneurs de cloches ?
(2) Le catafalque.
(3) Pour ouvrir et fermer le caveau de famille.
(4) Sans doute un surnom du menuisier qui a fait le cercueil.
(5 et 6) Ces deux articles semblent indiquer que le chanoine de Verthamon, allié à la famille du décédé, avait présidé aux obsèques.

Report	85 l. 14 s. 10 d.
P. Mʳ Vidaud (1)	6 s.
P. Mʳ Martin	0 s.
P. Mʳ Courteyx	6 s.
P. Mʳ Vouzeaud (?)	6 s.
P. le merguillier	4 l. 10 s. 6 d.
P. les porteurs	3 l.
P. les clochettes par ville (2)	3 l.
P. le *Revelier* (3)	2 s.
P. Montandre	10 s.
P. les Agonisants	10 s.
P. les valets	1 l. 10 s.
P. les pauvres de l'Hospital	2 l. 17 s.
P. l'offrande	1 l. 2 s.
Donné aux pauvres pour aumosnes	15 s.
Pour avoir adverty pour le service	2 s.
P. le mande (4) des Penitents	2 l. 5 s.
P. Mʳ Mailhot, qui a donné les deniers	2 s.
P. les deux goujats (?)	10 s.
P. la fabrique	1 l.
P. le paly et porte verge	2 l. 16 s.
P. l'eschaffou ?	»
P. avoir descendu le corps	10 s.
P. deux messes	1 l.
P. ceux qui on servy les messes	1 s.
P. le service des Agonisants le lendemain, la somme de	5 l.

Monte le tout la somme de.... 219 l. (5) 15 s. 4 d.

A ce mémoire est joint la note suivante : Sʳ Joseph Peconnet, sʳ de Chastenet, advocat en la Cour, demendeur.

Just Maslcau, mᵉ *passementier*, deffendeur, contra.

Le 4ᵉ jour du mois de decembre 1685, Coulomb, pour ledit def[fendeur ?] a dict que, n'ayant gardé aucune memoire ny brousliard du compte dont est question, il auroit esté obligé d'avoir

(1) Les deux prêtres qui ont reçu 12 sols ont sans doute assisté à l'enterrement ; les autres communalistes, taxés à 6 sols, n'ont pas été présents aux obsèques.

(2) Le décès et l'heure de la cérémonie funèbre étaient *criés* aux carrefours par des hommes munis de clochettes. Il n'y a pas bien longtemps qu'on annonçait encore les enterrements de cette façon dans plusieurs localités de la Haute-Vienne : à Saint-Junien, par exemple.

(3) On appelait ainsi un courrier de la confrérie des Agonisants qui parcourait la ville la nuit comme les *serenos* d'Espagne en invitant les personnes qui ne dormaient pas à prier pour les morts. (Voir Juge, *Changements survenus....*)

(4) L'agent de la confrérie chargée de convoquer les associés (*mandare*). Le nom de *courrier* est aujourd'hui adopté dans presque toutes nos confréries : on le trouve du reste employé dès le moyen âge.

(5) Cette somme est beaucoup plus élevée que le total de l'addition (117 l. 15 s. 4 d.) : elle comprend d'autres frais.

recours aux s[rs] prebtres et clocheteurs qui luy auroient fourny un
estat conforme a celuy que ledit deff[endeur] auroit declaré audit
s[r] dem[andeur], duquel estat et compte ledit deff[endeur] a donné
tout presentement par exuberance (*sic*) une segonde coppie audit
s[r] demandeur. Partant ledit Coulomb requiert ledit deff[endeur] sa
partie estre relaxée de la demande dudit s[r] Peconnet, avec despans.

IX. *Memoire des fraix que j'ay faictz pour le mariage de ma soeür*
dam[elle] Leo[de] Peconnet, arresté avec Mr Michel
s[r] de La Bachelerie, filz de Me Jean Michel, Me de Poste
a Pierrebuffiere

Premierement, le jeudy, 3e feb[r] 1689, led. s[r] de La Bachelerie
etant venu avec le s[r] de La Regondie, son cousin, leur avons donné
a colation, pour biscuiz, massepains, etc........   15 s.

Et leur avons donné soupper, ou a eté fourny un
levraud, 4 pigonneaux et autres choses, cy pour le
tout, nous a cousté. ....   3 l. 10 s.

Le lendemain, 4e dud., pour leur avoir donné a
desjeuner et a colation l'apresdisnée...........   1 l. 15 s.

Le samedy, 5e dud., Me Michel le pere est venu et
nous l'avons invité a disner, pour quoy a cousté
pour poisson et soles et du dessert..............   2 l.

Donné a son valet............................   5 s.

Le lundy, 7e dud., le s[r] de La Regondie est revenu
et a receu (?) a soupper, pourquoy nous a cousté,
en viande et dessert............................   1 l 10 s.

Le mardy, 8e dud. feb[r], avons achepté pour la
colation de l'assemblée des parens qui se devoit
faire le lendemain, pour le passement du contract,
deux douzaines de verres a 1 s. 6 d., la douzaine...   1 l. 16 s.

Six langues de bœufz salées, a 10 s. piece.......   3 l.

Deux jambons, a 15 s. piece..................   1 l. 10 s.

Le mecredy, 9e dud., pour la colation de M[rs] les
parents, achepté du pain blanc pour............   2 l.

Du vin blanc de Bergerac, 13 bouteilles a cinq
solz la bouteille, pris chez Ant. des Fraitrous (1)..   3 l. 5 s.

En confitures suivant le conte du s[r] Pouyat,
m[e] confisseur, dud. jour, comprins ce qu'il fourny
pour le dessert du soupper....................   40 l. 12 s.

Pour le soupper des parents, qui y furent invités
au nombre de 30, a cinquante cinq sols par teste,
suivant le conte et receu etant au pied. Donné par
Me Antoine Martialot, traitteur........ ....   75 l.

A Reporter........ 136 l. 18 s.

(1) On sait qu'un terrain sur la déclivité portait le nom de Clos Ort-
frayroux.

Report....... 136 l. 18 s.

Le jeudy, 10 dud. febr, payé a la paroisse, apres les espouzailles, pour les droictz curiaux ou pour les valetz de l'esglize, scavoir : a Mr le curé....... 3 l.

Pour les valetz.................. 2 l.

Pour le desjeuner dud. jour, suivant le receu dud. Mᵉ Antoine Martialot................ 12 l.

Dud. jour, pour 13 bouteilles de vin muscat, pris chez Mᵉ Moulinier, marchand epissier, suivant son receu, daté du 15ᵉ febvr, de muscat............ 9 l. 13 s.

Pour huict bouteilles qu'on a emporté et deux flambeaux................ 2 l.

Pour les tambours qui sont venus a la porte, le matin................ 10 s.

Pour le soupper dudit jour, donné aud. sr de La Bachelerie et au sr de Regondie, son cousin....... 3 l.

Pour le disner et soupper d'eux (sic) qui ont resté a la maison les vendredy et samedy, 11ᵉ et 12ᵉ dud. febvr, en tout................ 12 l.

Pour le desjeuner de dimanche matin, 13 dud., a 10 personnes, avant le depart pour aller a Pierebuffiere................ 10 l.

Donné a Bordas, pour nous avoir servy pendant le temps que le mariage a duré................ 1 l. 10 s.

Pour le vin qui s'est beu de ma cave pendant led. mariage, cleret et rouge vieu................ 16 l.

Plus, donné aux valetz et servantes de la maison du sr maistre de poste, etant a Pierebuffiere, ou a la servante du sr Martin, chez qui nous avons couché, en tout................ 12 l.

(4 servantes, le postillon, 2 valetz, un cuisinier, les aubois (sic), etc.)

Plus pour insinuation du contract de mariage ou donation portée en iceluy, payé a M. le Lieutenant gral pour sa signature, trente solz ; au greffe, pour l'enregistrement et l'expedition, comprins le scellé, 44 solz, cy pour tout................ 3 l. 14 s.

A Mesrs Garlandier et Baillot, procureurs, pour leur requisition d'icelle et acceptation............ 1 l. 10 s.

A M. Chavepeyre, notaire, pour l'expedition de la grosse dud. contract de mariage, conprins les droictz du clerc et papier tymbré............ 3 l. 14 s.

Le vendredy, 18ᵉ du susd. febvr, avons eu a disner Mr le Mre de Poste et Mr Martinaud, mre de Poste a Boisseuilh, pour quoy nous a cousté.......... 1 l. 10 s.

Plus, pour dix livres de chandelle uzée pendant les nuictz et a cette occasion................ 2 l. 19 s.

Plus, pour le bois qui s'est bruslé pendant le mariage, en diverses chambres................ 20 l.

A Reporter....... 253 l. 18 s.

Report....... 253 l. 18 s.

Le vendredy, 8e febvr, le sr Me de poste est venu
ceans avec Mr Martinaud, mr de poste de Boisseuil,
et leur avons donné a disner a poisson (1)........ 2 l. 10 s.

Le 13e dud. le sr de La Bachelerie est venu et a
couché icy, pour la collacion du soir et disner du
lendemain............................. 1 l. 10 s.

Le 23 dud., le sr Mre de poste est revenu et a
emmené avec luy ma sœur, et ont demeuré jusques
au lundy, 25e dud après le disner, cy pour le tout
en a cousté................................. 4 l.

Pour divers coppies d'actes et contractz portant quittances des payements faictz des debtes dud.
sr Michel, et declarations portant subrogation, j'ay
faict un presant a Mr Chavepeyre, notaire, de
six livres............................... 6 l.

Pour les coppies desd. contractz, payé a ses clers,
comprins le papier tymbré.................... 2 l.

Monte le conte cy dessus........ 269 l. 18 s.

X. *Mémoires relatifs au même mariage*

Memoire d'un souper que je porté ches Mr Peconnet, du 9e fevrier
1689, pour le mariage de sa seur.

Pour trante personnes, a cinquante sols par teste, en pain et vin
et desert, pour le mariage de mademoiselle sa seur, monte 75 l.

Pour le desjeuner du jeudyt matin, 12 l.

Receu le compte si dessus, 12e fevrier 1689.

Antoine Marcialot.

Du 9e fevrier 1689

Monsieur Peconet doibt, qu'il l'a pris pour le mariage de mada-
moyselle sa sœur :

Confitures sesches et bisquis, 3 l. 1/4.......	1 l. 15 s. 9 d.
Bisquis communs, 5 l.........	2 l. 15 s.
Retortilions, 6 l. 1/4.............	3 l. 8 s. 9 d.
Escorsse de citron, 5 l. 1/4..........	4 l. 4 s.
Confitures sesches, 18 l. 1/2...........	10 l. 3 s.
Amandes et anis, 10 l.............	5 l. 5 s.
Conserves de toutes façons, 9 l...........	4 l. 19 s.
Massepains fains, 4 l. 1/2..........	3 l. 12 s.
4 compostes de..............	3 l.
3 grosses de gaufres, de..............	1 l. 10 s.
	40 l. 12 s. 6 d.

Reçut le comptant ci dessus des mains de Monsieur Peconet,
dont le quite. Faict a Limoges, ce 12e fevrier 1689. Pouyat.

---

(1) Expression typique de l'époque : un diner ordinaire, sans cérémonie,
se donnait avec les seules ressources du ménage ; le diner « à poisson »
comportait des achats.

XI. *Inventaire des meubles et autres choses*
trouvées dans les bastimenz du Chastenet, le 15ᵉ janvier 1694

Premierement, dans la maison neufve ou pavilhon :
Dans la premiere chambre, servant de cuisine, il y a
Un crucifix de bois sur la cheminée ;
Un image de la sᵗᵉ Vierge a costé de la cheminée ;
Un petit tableau de sᵗ Jean-Baptiste ;
Un autre image de Nᵗʳᵉ-Dame, tenant le Petit Jesus, avec sᵗ
Joseph et sᵗ Jean-Baptiste, en theze (1) ;
Un autre theze representant sᵗ Jean-Baptiste, baptizant les Juifz
sur le fleuve du Jourdain ;
La carte et plan de la ville de Paris,
Le tout attaché aux murailles ;
Un grand lict garny de ridaux en pantes de sarge jaune, avec sa
couette et chevet de plume et une couverte blanche ;
3 tables vieilles, avec leurs traittaux, l'une servant pour les
repas, et les autres deux de remizes (2) ; un petit banc de quatre
pieds de long ; un payre de grandes armoires a 4 etages, fermanz
a 2 clefz, servant de descharge de la cuizine et de buffet, sur
lesquelz il y a la vaisselle, qui consiste, scavoir, en
2 grandz plactz pottagers, d'estaing,
6 autres platz moyens,
4 assiettes creuzes,
12 assiettes communes et une percée pour le bouly (3) ;
6 escuelles, 6 culiers, 2 salieres, 10 fourchettes, aussy d'etaing
et une esguiere, le tout d'estaing commun, ayant nos armes, — et
une chopine aussy d'etaing ; un petit panier de jonq a mettre les
culiers et fourchettes ;
A costé de la cheminée, a gauche, y a de petitz paletz (4) de bois,
attachés a la muraille, propres a mettre des verres et bouteilles,
dans lesquelz il y a 3 bouteilles ou brocs de fayance, l'un de pinte
et les autres deux de 3 chopines chacun ; un vinaigrier, aussy de
fayance, une petite esguiere, aussy de fayance (5), et une poivrette
de bois, une rappe de fert blanc ; deux bouteilles de verre, de tar-
ciere chacune, et 6 verres ;

(1) Les thèses de philosophie, de théologie, de médecine ou tout au
moins l'annonce de la thèse et les *positions* s'imprimaient en placard. Il
s'agit d'un de ces passe-partout décoratifs imprimés d'ordinaire sur
papier, mais souvent aussi sur toile et même sur satin, servant d'entête
et d'encadrement aux thèses et dont il reste encore un assez grand nombre d'exemplaires dans plusieurs familles et chez les collectionneurs.
(2) Ne servant pas, de rechange.
(3) Nous avons déjà rencontré une mention de ces assiettes, dans lesquelles s'égouttaient les viandes bouillies ou rôties.
(4) Rayons, morceaux de bois plats, du mot *palle*, pelle.
(5) La mention de pièces de faïence est rare dans nos inventaires avant
le dix-huitième siècle.

Dans l'esviere ou bassie qui est a costé de la porte de l'entrée,
il y a 2 cruches de terre et un pot de Lorraine avec sa couverture
de cuivre. de la contenance d'un sceau d'eau ou peu plus ; autres
2 plus petitz, aussy de Lorraine, l'un ayant sa couverture de cuivre,
et l'autre l'ayant de fert seulement ; un autre plus grand pot de
fert, servant pour accomoder des chastagnes, de la contenance
d'un sceau et demy d'eau, faisantz 4 potz, avec chacun leurs ances
de fert ;

2 petits chauderons, l'un de cuivre rouge et l'autre jaune ; 1 bassin de cuivre jaune tout neuf, de la contenance d'un sceau d'eau,
avec un annelet de fert pour l'attacher ; 1 poylon, de la contenance
d'une esculée et demy ; 2 chandeliers de laton, et un autre petit,
aussy de laton, — fesant 3 ; un chauffelict de cuivre ; une poyle,
2 grilz de fert, une casse ou lechefritte de fert ; une crix (?) de cuisine
pour hacher la viande, 2 couteaux de cuisine ; une chaufferette de
terre, — et dans les passetz de ladite eviere, il y a une bouteille de
terre servant a mettre du vinaigre, six escuelles de bois. un plat
de terre avec son couvercle, a faire cuire de la viande ; 2 ou 3
petitz potz de terre, une ou deux buhées a mettre de l'huyle.

A costé de ladite esviere, il y a un autre grand payre d'armoires
vieux, a trois etages, ne servant presque point, a cause des ratz et
fermantz chacun d'une clef.

Dans la cheminée de lad. chambre. il y a un grand payre de
chenetz de fert en fonte, pesant plus d'un cent chacun : plus une
autre payre de chenetz plus petitz, aussy de fert, servant pour tenir
et tourner la broche ; une cramaliere de fert, avec deux gonds pour
la porter ;

Aux costés d'icelle, il y a une pesle de fert, un souflet, une cais-
sette a mettre les allumettes (1), 2 petites barres de fert dans
lesquelz on attache les culiers du pot ; deux culiers de pot, l'un
plus grand et l'autre plus petit, de cuivre jaune, et un passe purée
de mesme, avec des pincettes pour tirer la viande du pot, aussy de
laton ; une lampe a huyle et un chandelier et broches de fert ;

Plus, dans ladite chambre, il y a, a costé du lict, une grande
chaise a bras, a l'antique ;

Et a costé de la porte du degré, un vieux amet (2) a petrir pain
qui nous sert pour faire le pain, ayant le four dans la maison et au
dedans de la cheminée ;

Plus, un garde menger monté en toyle, a deux etages, fermant
avec une clavette, attaché au plancher, ayant au dedans un crochet de fert et 4 crampons ;

Plus, dans lad. premiere chambre, il y a 4 cheres de bois, sans
garniture, et un escabot pour le foyer ; une souche de bois de
noyer montée a 4 jambes de bois, pour hacher de la viande ; une
petite hache ; un petit trepier de fert ;

Plus, dans 2 armoires qui sont engravés de pierre dans la mu-

(1) Il faut entendre par là le menu bois, fendu à la hache et dont on se
servait pour allumer le feu.
(2) Une maie.

raille delad. chambre, fermantz tous deux a clefs, sont divers
petitz gages (1), comme bouteilles, deux entonnoirs de fert blanc
pour le celier, un guimbelet (2) pour percer les barriques, et un
autre plus gros pour percer a mettre les fontaines, un payre de
petites tenailles (*sic*) pour arracher les douzils ou faussetz, 2 petites fontanes de barrique, de fonte ;

Plus au-devant la cheminée, il y a 2 crampons de fert plombés
en iceluy, ou sont deux fuzils d'ont l'un est monté en carabine ;
une broche de fert de la longueur desd. fuzils, servant de tire-
boure ; 2 scies grandes pour scier les arbres a faire du bois ; une
broche de fert a faire cuire la viande et un eycran ; plus une payre
de crochets de fert a pezer, poidz de marc ; un crible, et une
grande cuve ou chaudiere de fert en fonte servant a faire la les-
cive, qui a couté 12 l.

Dans le celier qui est a costé de la cuisine :

Il n'y a presentement qu'une barrique presque vuide, ayant deux
cercles de fert, et quelques 30 a 40 eminaux de chatagnes vertes
de nostre part, plus un crochet a 2 crampons pour mettre de la
viande en eté.

Dans la 2ᵉ chambre au 2ᵉ etage sur la 1ʳᵉ :

Il y a 2 grandz lictz garnys de rideaux de sarge couleur olive a
frange jaune, dont l'un a la frange de soye et l'autre de layne simplement, avec leurs chevetz et coüettes de plume, bien garnys, et
2 couvertes blanches de Montpelier en l'un, et une autre semblable
couverte en l'autre, avec les paillasses ; — une table ou volant,
avec son traitteau en pliant, de bois de serizier, avec son tapis de
sarge, semblable aux rideaux des lictz ; un grand payre d'armoires
a 2 fenetres en divers etages, fermant a une clef, dans lequel on
met le linge d'icy (3) et ou il s'est trouvé : 3 linceuilz de brin ;
3 autres linceuilz de boiradis (4) et 10 autres linceuilz d'etouppes uzés ;
4 nappes grosses unies et 2 autres ouvrées, faisant 6 nappes,
touttes grosses ; — 10 serviettes fines et 15 grosses, 6 draptz de
vaisselle ; 10 chemizes des miennes (5), 2 payres de calesons,
2 payres de chaussettes et de chaussons, 4 coiffes de bonnetz ; —
plus, dans lesd. armoires, six mouchoirs ; deux autres mouchoirs
de toyle peinte ; un bonnet de nuict pour esté, picqué a l'esguille ;
une piece de pl... uzé pour la garniture d'un petit lict ;

Plus, dans lad. chambre, il y a un coffre en bahut de la contenance de 2 sestiers bled, servant a serrer des grains, comme la
graine de chanvre, accause des ratz ;

Plus, huict chezes couvertes d'une sarge olive semblable a la garniture des lictz ; — d'autres petites chezes de bois, sans garniture ;

(1) On appelle encore ainsi, en Limousin, tout objet pouvant contenir
quoi que ce soit, mais surtout des liquides : écuelles, bouteilles, seaux, etc.
(2) Un foret et une tariere.
(3) Du Châtenet, celui qu'on y laisse pour l'usage de la campagne.
(4) De chanvre.
(5) L'inventaire est fait par Joseph Péconnet.

Plus, a la cheminée, y a un payre de petitz chenetz de fert et une petite cramaliere avec son gond ; et au-devant de ladite cheminée, il y a un attelier (*sic*) a mettre des armes, ou il y a un vieux fuzil, 2 achereaux, une vieille pertuyzane, un crochet de fert au bout d'un long baton servant a pescher au tramaii dans la Glaine (1) : 2 barres de fert de grille de 3 piedz de long chacune, qui etoient autrefois a une demy croyzée a l'ancienne maison ;

A costé de lad. cheminée, par dessus un ormoire de pierre, y a deux petitz passetz attachés en la muraille ou il y a quelques tiolles et bouteilles ;

Autour de lad. chambre sont attachés a la muraille de petitz tableaux : les uns, au nombre de 5, representant les *Cinq Sens* ; — les autres, d'un autre costé, representant l'Histoire de l'*Enfant Prodigue*, sous la figure des 4 parties du Jour ; — les autres, d'un autre costé, representant les *Sept Merveilles du Monde*, et, d'un autre costé, d'autres representant les 4 Saizons de l'année, et quelques payzages, et aux 4 coins des 2 croyzées, sont aussy les 4 parties du monde en 4 tableaux de mesme grandeur ;

Plus bas, du costé de la porte du grenier, sont les pourtraictz et figures des Roys et Reynes de France, en 2 grandes planches, avec un sommaire de leur regne au bas de chacun (2) ;

Au dessus de la porte de l'entrée de lad. chambre, y a le pourtraict de Louys XIV, nostre bon Roy, et de la deffuncte Reyne.

A costé d'un des lictz, y a un petit tableau d'un Crucifix, et par dessus un autre petit crucifix en croix de bois, et a l'autre costé un payre de tablettes ayant dessus un petit image d'un st Hyerosme et au dedans un petit cadre de Ntre-Dame et quelques petits livretz :

A costé de l'autre lict, y a un *Ecce Homo* en un petit tableau, et a l'autre costé une petite glace de miroir, monté en cadre a petite plaque de cuivre, et un benittier de fayance ;

Et encore, autour de lad. chambre, y a des cartes de diverses provinces, montées en de petitz quadres, sur de la toyle, au nombre de 7. L'une estant celle des 17 provinces des Païs Bas, l'autre l'Europe Maritime et generalle de touttes les costes des mers Mediterranée et Occeane, etc. ; carte du Berry, de la Beausse, du gouvernement de Guienne, de Xaintonge et Angoumois, et celle du duché d'Anjou ; et encores une petite theze que j'avois soustenu en prenant mes licences a Poictiers, ou il y a un Jesus, une Vierge et st Joseph ;

Plus, dans lad. chambre, il y a deux armoires engravées dans la muraille, a pierre de taille, fermantz a clefz, dans l'un desquelz et celuy qui est prest de la cheminée, il y a un coffret de bois fermant a clef ou je metz mes livres et papiers des affaires d'icy.

Les livres que j'ay icy sont : 1° *les Conseilz de la Sagesse* ou *les Maximes de Salomon*, en deux tomes in-8° ; *les Meditations et Soliloque de St-Augustin*, in-8° ; *le Vray et parfaict praticien Francoys*.

_____

(1) La rivière de la Glane coule à peu de distance du Châtenet.

(2) Nous connaissons plusieurs de ces séries de gravures, dont une au moins remonte au xvie siècle.

in-4° : *les (sic) Code Louïs, civil et criminel*, en deux petitz livretz ;
l'Essay des Merveilles de Nature, in-4° ; *le Jardinier François*,
in-8° ; *Histoire de France* par Bernard du Girard, jusques a
Charles Sept seulement, in-4° ; une ancienne *Vie des Sainctz*, en
lettre gothique, presque toutte deschirée ; *le Mercure François*
sous Louis XIII, tome VII, contenant principalement les troubles
et guerres en France contre les pretendus Catholique Reformés,
in-4° — et divers autres petitz livretz et historiettes.

Plus, sur la table, un ecritoire ancien a mettre plumes, ancre,
ganifz, poudre, etc., 2 payres d'escritoires ;

Plus, un chandelier en placard de fert blanc sur le haut de la
porte ;

Plus, dans le susdit coffret, il y a un grand couteau fermant, a
manche d'escaille et acier, ayant le couteau, la sarpette, et la petite
scie pour anter des arbres nainz ; plus une autre petite scie fine en
arc pour anter petitz sauvageons ; une boette d'orvietan et un
emplastre pour la brulure ; un autre grand couteau en forme de
bayonnette ; 2 petitz mauvais cadenaz ; une bouteille de poudre ;

Et dans ledit armoire de pierre il y a, dans un panier, des clous
d'une charrette ferrée, a demy uzés ; 12 vires de fert, neufz en
partie et les autres uzés, pour les corps de la fontaine ; 1 vieille
boette de charrette, de fonte ; une vieille giroüette qui etoit autrefois sur l'une des tours de l'ancienne maison que je fis abbattre en
168 (*sic*) accause qu'elle etoit en ruine, et le cintre d'un bajour (*sic*)
de dessus la porte de l'entrée de la maison, que j'avois osté
parcequ'elles se rompoient et y etoient presqu'inutiles (?) ;

Plus, dans l'autre armoire de pierre qui est aussy en lad. chambre, il y a divers outilz et ferrementz, comme 2 hacheraux ou
gibaux a la main, une (*sic*) autre pour emmencher au bout d'un
baston, pour taillier les hayes ; une petite scie non montée en bois ;
2 petites autres scies a la main pour anter ; une petite hache ;
2 eyssoles ou planes de charpentier ; un tarradeau ; un cercle de
fert d'un bouton (*sic*) de charrette ; 3 verrouilz de portes ;
3 cizeaux de fert pour masson ; un cizeau en bois pour charpentier
et diverse autre ferraille, avec des clous latterez plus de 300 l. et
quelq'autres d'un double et d'un demi (?) ; un marteau a clouer ;
plus, dans lad. armoire, 2 raquettes en parchemin pour jouer au
volant, avec le volant ;

Dans le grenier, a costé de lad. chambre, sur le cellier :

Il y a un grand lict sans rideaux, encores ayant sa paillasse, une
petite couette et chevet, une couverte verte et une courte pointe de
grosse toyle, fourrée au dedans de chanvre ;

Un coffret en forme de bahut rond, fermant a clef, vieux et uzé,
dans lequel il y a aussy diverses ferraille, comme 3 ou 4 meschantes
serrures vieilles, de diverses fassons, un payre de enferges (?) de
cheval, sans couppe, rompües, des gondz de portes, clavettes,
verrouilletz et serrures de fenestres, crampons, limes, etruelles ;
une chenette avec le col de cuir pour un chien de chasse ; un
etrier de cheval ; 2 vieux esperons de bottines ;

Plus, dans ledit grenier, il y a un eminal a la mesure de Limoges,
tout neuf et bien ferré, que j'ay faict fere et m'a cousté 4 l. ; une

quarte mesure de Nieuil (1), aussy toutte neufve, que j'ay aussy faict
fere, et une couppe reglée a la mesme mesure ; 2 pasles de bois a
mesler du bled ; plus quatre fenestres de bois, avec leurs vitres et
voletz, qui etoient autrefois en la maison vieille, pour des demy
croizées ; plus deux bombes de fert ou couignées pour rompre du
bois a brusler, l'une toutte neufve et l'autre uzée ; six coins de
fert, ou sceites, pour fendre du bois, dont 2 sont touttes neufves et
les autres 4 asses uzées et courtes ; une grosse barre de fert pour
lever des fardeaux ou traire de la pierre ; 4 marteaux de massons,
pointus, dont 2 sont presque neufz ; 5 picqz dont 2 sont presque
neufz et les autres 3 a demy uzés ; une sarcelle pour le jardin et
une besche ; un tren... et une grande hache a fendre du bois ;
autres trois petits coins ou ceites a fendre du bois, uzées et trop
courtes ;

Plus, dans led. grenier, il y a a present la quantité de 15 sestiers
de bled sceigle, 10 quartes de baillarge, un sestier de jarrosses et
40 esminaux de chatagnes seches, le tout de cest (*sic*) année,
plus nostre part de chanvre de cest année, non encores broyé,
ce   tant en 40 livres ou environ ;

 ⁣ s, autour dud. grenier, sont attachés à la muraille, des
2 . ⁣ s, les figures des anciens Empereurs et Imperatrices de
Rome, en 24 petitz tableaux de carton, montés sur de petitz cadres
de bois ; plus une trappe pour le foine (*sic*) (2) et une autre pour
les ratz, de bois.

Dans le haut grenier, au 3° estage.

Il y a une grande arche, vieille, fermant a clef, servant a serrer
des grains et les oster des ratz, comme de l'avoine, des poids, etc.,
ou des noix ; dans laquelle il y a presentement 4 esminaux avoine,
3 quartes de poix et une couppe de feves blanches ;

Un autre vieux coffre sans couverture, propre a mesme uzage ;
2 panieres propres a porter du fruict en ville sur une monture ; un
bat pour une bourrique ; un cable ; divers petitz paniers ; 2 ruches
a miel ; un autre panier de paille ronde ; une autre quarte vieille,
et une couppe mesure de Nieuilh ; une autre trappe pour prendre
le foine ; un habit de droguet drappé a demy uzé que je porte etant
icy ; un payre de bas de layne blancs ; un autre payre de bas de (*sic*)
chamoy ; une vergne (3), machine propre a lever la couverture
d'un bastiment, faict en tour, et 4 ou 5 aix de bois de cerizier.

Plus, dans ledit grenier, y a presentement la quantité de 27 sestiers blé noir, en commun avec les mettayers ; et tout le long des
razes et couverture dudit grenier, y a 4 ou 500 tuyles platz, pour le
besoing et de provision pour la couverture dudit bastiment (4)....

(1) Le setier, mesure de Limoges, valait 51 litres 20 cent., l'éminal
25 l. 60 c., et la quarte 12 l. 80 c. ; le setier de Nieul, 57 l. 61 c., l'éminal
28 l. 80 c., et la quarte 14 l. 40 c.

(2) Evidemment un piège à fouine.

(3) Un cric.

(4) Cet inventaire n'a rien d'officiel. Il a été dressé par Joseph Péconnet
lui-même ; il est surtout curieux en ce qu'il énumère une grande quantité
de tableaux, de cartes de géographie, de livres et de vieilles armes.

XII. *Deux lettres de l'abbé de Verthamon, des Missions
Etrangères.*

A Paris, le   juin 1742.

Mon très cher oncle,

Je vous envoye une copie en forme de l'acte passé entre M. de
Lafosse et moy, conformément à votre procuration. J'ay fait mettre
le terme du premier payement au premier septembre suivant votre
lettre, les autres clauses sont de la façon du notaire, tous en la
règle, et de quelque manière que vous veuliez disposer de vos
biens, vous n'aurez plus à craindre aucune difficulté au sujet de
mes droits. Je vous averti qu'il n'y a point de controle à Paris, les
notaires de cette ville ayant rachetté ce droit, afin que vous ne
soyez pas surpris de voir que l'acte en question n'est pas con-
trollé. Il m'en a couté 21 ll. M. de Lafosse m'a chargé de vous
faire bien des compliments. Pour moy, mon cher oncle, il ne me
reste plus qu'à vous remercier : je le fais de tout mon cœur. Soyez
persuadé que je n'oublierai jamais vos bontés et que je prierai
Dieu, tous les jours de ma vie, de vous récompenser.

Je viz M. Trenchant deux fois mardi dernier, le matin chez luy
et le soir à notre maison. Il est encore fort incommodé d'une dislocation ou d'une foulure de nerf qu'il s'est faite à la cheville il y
a trois semaines, se portant du reste aussi bien que son âge le
permet.

M. Barbou vouloit retenir la dixme royale sur sa pension via-
gère, mais on luy a dit que ces sortes de pensions n'y étoient pas
sujettes. Si vous voyez M. Barbou par hasard, vous pourrez luy
dire que M. Trenchant ne veut point payer cette dixme royale,
qu'on ne luy a point demandée jusque ici et dont on luy a dit que
les pensions viagères étoient exemptes.

Je n'ai pu voir Mme de Lavau que deux fois depuis qu'elle est à Paris ; elle a été incommodée, mais elle se porte bien maintenant. J'ai
été malade de mon coté, et je ne suis pas encore bien rétabli. Les
fluxions de poitrine et les fièvres malignes sont très communes icy
et emportent beaucoup de monde ; on dit que depuis longtemps
on n'a vu tant de maladies en ce pays. Dieu veuille que cela ne
s'étende pas jusqu'en Limousin ; quelques provinces ont déjà bien
souffert.

Vous scaurez que nos troupes ont remporté une victoire en Bo-
hême : nos deux Verthamon ont dû y être. Le chevalier de la
Vauzelle est sain et sauf, et son régiment n'a eu qu'un seul capi-
taine tué sur la place et sept à huit autres officiers blessés. Pour le
chevallier de Verthamon je n'en sçai point de nouvelles ; tout ce
que je sçai c'est que la cavalerie a essuyé le fort du combat, mais
je n'en ai pas encore vu le détail.

On m'a dit que M. l'abbé de Lavergne étoit en Limousin, où il
avoit permuté son canonicat avec la cure de St-Cyprien ; je vous
prie de luy faire mes compliments lorsque vous le verrez, et de luy
demander ce qu'il a fait de quelques papiers concernant la ferme

de mon archidiaconé, dont il voulut bien se charger à mon départ de Luçon ; s'il les a entre les mains, je luy serai obligé de vous les remettre pour me les envoyer icy ou de me faire sçavoir s'il les a laissés à M. Nouhau ou à quelque autre en Poitou.

M. l'abbé Le Franc de Pompignan passera bientôt à Limoges : il devoit partir mercredi passé, mais un accès de fièvre l'a obligé à différer jusqu'à mercredi prochain. S'il va vous voir en passant, comme cela pourroit être, je vous prie de le recevoir comme une personne à qui j'ai les obligations que vous sçavez.

Je suis bien sensible au souvenir de M. Du Puy Dutour (1) ; je vous prie de l'en remercier de ma part, et de faire à tous nos amis mes compliments lorsque vous les verrez. J'ay été chez l'abbé de Ribière la semaine passée, mais il étoit sorti ; il demeure un peu loin et je n'ay pas toujours le temps de me promener. Portez-vous bien, mon cher oncle. Je salue de tout mon cœur la famille.

J'ay l'honneur d'être, avec bien du respect, mon très cher oncle, votre très humble et très obéissant serviteur.

Verthamon, prêtre.

Il ne faut pas être fâché de ce que M. Devoyon n'a pas voulu vous servir contre M. Maledent ; comme M. Maledent auroit tort, s'il se fâchoit de ce qu'il ne l'a pas servi contre nous. Maledent et moy sommes également amis de Devoyon, et Maledent même étoit son ami avant que je le connusse. Ainsi Devoyon n'a fait à notre égard que ce que j'aurois fait à son égard en pareil cas, et ce qu'un honnête homme ne pouvoit pas se dispenser de faire. Je vous serai obligé de leur faire mes compliments si vous les voyez, à M^{rs} les avocats et à MM^{rs} les abbés, aussi bien qu'à tous les messieurs du Séminaire et de la Mission, particulièrement à M. Guichard.

A Paris, le 9e juillet 1742.

Mon très cher oncle,

Je me doutois que M. l'abbé de Pompignan ne vous verroit point, parce qu'il auroit dû voir en même temps M. l'évêque de Limoges qu'il a connu à l'assemblée de 1740, et tant de visites sont incommodes pour un voyageur qui arrive le soir bien fatigué pour partir le lendemain matin. Quant à M. de Burgurien, il vous auroit vu sans doute, mais il a été obligé de s'arrêter plusieurs jours à St-Benoit-du-Sault, dont le prieuré est uni au séminaire des Missions étrangères ; de là il doit se rendre chez lui par Bordeaux au lieu d'aller jusqu'à Cahors, et je ne sais si, en suivant sa nouvelle route, il passera à Limoges. Je vous suis toujours obligé de la bonne volonté que vous avez eue de bien traiter les uns et les autres, mais s'ils jugent à propos de vous épargner cette dépense et cet embarras, j'en suis bien aise pour vous.

(1) Il y a un domaine de ce nom dans la commune d'Isle.

J'ai vu depuis peu M. Trenchant aux Invalides ; il ne souffre plus de sa dislocation, que je crois, moy, n'avoir jamais été qu'une simple foulure, mais en cela même plus difficile à guérir ; sa cheville est toujours un peu enflée, et quoiqu'il marche sans douleur, il ne peut pas aller bien loin.

Je ne pense pas qu'il soit nécessaire de lui écrire exprès là dessus. Je conçois qu'il s'ennuie beaucoup à l'hôtel, mais je doute fort qu'on luy donne la compagnie qu'il demande toujours. M. de Breteuil a maintenant d'autres affaires qui ne luy donnent guère le temps de penser à un officier invalide, et on m'a assuré même que sa santé n'alloit pas bien depuis quelque temps ; mais je vous prie de ne dire cette circonstance à qui que ce soit. Le pis aller de mon oncle, c'est de s'en aller finir ses jours en Limousin, et ce pis aller seroit à mon avis ce qu'il peut faire de mieux à son age ; mais je ne sçais si cela seroit de son goût. Je vois très clairement qu'il n'y a rien à faire pour luy en ce pays cy ; il n'en est peut-être pas si persuadé que moy et je n'oserois luy dire au juste ce que j'en pense ; mais vous pouvez, si vous le jugez à propos, le luy faire pressentir lorsque vous luy écrirez.

Pour moy, mon cher oncle, je suis, grâce à Dieu, toujours résolu à partir pour les missions, et j'espère que Dieu me fera encore la grâce de ne pas m'en rep[en]tir ; ce seroit le premier exemple depuis que cette maison envoye des missionnaires aux Indes. Je ne veux point tenter Dieu assurément, mais je crois aussy que je puis très bien arriver à la Chine sans que Dieu fasse aucun miracle pour cela ; le miracle est de choisir parmi tant de saints prêtres un si grand pécheur pour une si sainte œuvre. Après tout, si Dieu veut que je meure en chemin, qu'importe, pourvu que je meure en faisant sa sainte volonté. Les quatre Jésuites qui furent martyrisés il y a quelque temps au Tonquin furent pris en y arrivant et sans y avoir exercé aucune fonction ! Leur couronne en est-elle moins belle dans le ciel ? Dieu, qui avait inspiré à St-François Xavier le dessein d'aller convertir la Chine, ne permit pas qu'il y entrat ; mais il avoit arrêté qu'il mourroit à la vue de ce royaume. La prudence veut assurément que chacun mesure ses entreprises à ses forces ; mais il y a une prudence chrétienne, bien différente de la prudence mondaine dont les hommes apostoliques doivent se garder comme de l'écueil peut-être le plus dangereux pour eux. M. de Lionne, fils du ministre et secrétaire d'état de ce nom, avoit en France un estomach si faible, qu'il ne pouvoit ny faire maigre ny souffrir plusieurs sortes d'aliments : extrêmement délicat d'ailleurs et accoutumé dès son enfance à tous les aises d'une maison opulente. Cependant il ne laissa pas de passer et repasser la mer, d'arriver à la Chine en bonne santé, d'y travailler beaucoup et longtemps, d'y vivre pauvrement (?) comme les autres missionnaires et d'y faire de grands biens, qu'il n'auroit pas fait s'il avoit décidé sa vocation suivant toutes les règles d'une prudence purement humaine.

Je vous suis cependant extrêmement obligé, mon cher oncle, de vos conseils : je les reçois comme venant d'un bon cœur que je connois depuis longtemps ; mais je crois que Dieu ne veut pas que je les suive. Je viens de recevoir une lettre pleine de bonté de M. l'évêque de Montauban, où il m'exhorte à persévérer dans un si bon dessein. J'ay des amis dans le monde et de vrais amis, je puis le dire, qui pensent tous de la même manière, quoyque gens du monde et quoyque mes amis. Enfi.. je ne me conduis pas en cela par mon propre esprit, qui assurément ne seroit propre qu'à m'égarer ; mais je crois que Dieu m'ayant donné des conducteurs, il leur a aussi donné son esprit pour me conduire. Je sçai qu'il y a du bien à faire partout, en France comme à la Chine, et à Luçon autant qu'ailleurs ; mais on ne peut pas partout faire le bien qu'on voudroit et Dieu ne veut pas qu'on fasse partout le bien qu'on peut faire, mais dans les endroits auxquels sa providence nous a destinés ; il y en a qu'il appelle a un endroit, et d'autres qu'il appelle ailleurs ; il faut que chacun aille où il est appellé ; mon   n'a jamais été pour Luçon.

J'ai écrit à M. l'évêque que vous m'aviez accordé les 2,000 ll. que je vous avois demandées pour mes exercices ; mais je l'ay prié pour quelques raisons de permettre que je gardasse encore quelque temps mon archidiaconné.

Si j'ay manqué en quelque chose à l'égard de M. d'Aligre, je vous prie, mon cher oncle, de me dire en quoy, car je ne veux manquer à personne ; mais ma conscience ne me reproche rien sur cet article. Je respecte fort M. d'Aligre ; mais je crois qu'en toute rigueur de bienséance, je ne luy dois rien que la première avance de politesse, et je vous avoue même que je suis bien aise qu'il n'y ait pas répondu, ce qui m'auroit engagé à le voir quelquefois et à me distraire par conséquent de mes occupations.

Je luy ay rendu visite : je m'en tiens là, n'étant ny porté d'inclination, ny obligé en aucune sorte à luy faire ma cour. Je vous dis ici simplement et autant qu'il me semble sans me piquer, par une sotte vanité, de ce que M. d'Aligre ne m'a pas rendu ma visite ; mais je profite de l'occasion pour me tenir chez moy, ou je suis mieux à ma place que chez tous ces messieurs là. Je n'ay plus de papier. Mes compliments à tout le monde. J'écrirai à Beaupré et au père de Verthamon. M. Bourgine, frère de celui qui m'avoit fait venir mon poële, s'est chargé d'écrire à son frère : apparemment que M. de Luçon n'a pas pris le poële comme il le vouloit.

Portez-vous bien. J'ai l'honneur d'être avec respect, mon très cher oncle, votre très humble et très obéissant serviteur.

VERTHAMON, prêtre.

Limoges. Imp. Vᵉ H. Ducourtieux. rue des Arènes, 7

www.ingramcontent.com/pod-product-compliance
Lightning Source LLC
LaVergne TN
LVHW012100030726
842523LV00002B/629